Wir heiraten

....

&

....

am

....

Sandra Abid

So gelingt unsere

Traum-Hochzeit

Der Wedding-Guide

pichler verlag

Unsere wichtigsten Termine

Verlobungsfeier

Aufgebot bestellen

Besprechung Standesbeamter

Besprechung Pfarrer

Anprobe Brautkleid

Anprobe Anzug

Hochzeitstorte verkosten

Probeessen Hochzeitsmenü

Polterabend Braut

Polterabend Bräutigam

Hochzeit

Inhalt

Einleitung

Liebes Brautpaar!

Gratulation zu Ihrer bevorstehenden Hochzeit! Ich finde es wunderbar, wenn zwei Menschen, die sich lieben, den Bund der Ehe schließen und damit ein großes Zeichen setzen – für sich selbst und für die Welt. Es mag vielleicht nur ein Blatt Papier und ein Stück (Edel)Metall am Finger sein – in manchen Regionen der Welt auch ein Nasenring oder mit Henna-Ornamenten verzierte Hände und Füße –, aber die Bedeutung bleibt immer dieselbe: dass zwei Menschen zu einer Familie werden.

So wie die äußeren Zeichen der Ehe unterscheiden sich in verschiedenen Ländern auch die Feste: Bei Arabern, Türken und Indern dauern Hochzeiten gerne drei bis sieben Tage, wobei sich die Feierlichkeiten hauptsächlich um die Braut drehen und der Ehemann in spe klassischerweise erst an den letzten drei Tagen anwesend ist. In Russland wird das frisch vermählte Brautpaar mit Rosenblättern, Münzen sowie Reis beworfen und von den Eltern mit Brot und Salz begrüßt. In der orthodoxen Kirche werden Braut und Bräutigam Kronen aufgesetzt, welche die Trauzeugen dreimal über den Köpfen der Brautleute kreuzen müssen – ohne dass sich diese berühren, denn das würde Unglück verheißen.

Aber kehren wir in unsere Gefilde zurück: Falls Sie Ihre Hochzeit in Österreich oder Deutschland feiern möchten, wird Ihnen dieser Hochzeitsratgeber helfen, Ihren großen Tag so gut wie möglich vorzubereiten und planbar zu machen. Mit viel Liebe zum Detail habe ich alles zusammengefasst, was für Sie hilfreich sein könnte und Ihnen die Organisation Ihrer Traumhochzeit erleichtert. Wie ein roter Faden ziehen sich praktische Checklisten, Infos und Tipps durch dieses Buch. Ab Seite 14 finden Sie einen „Fahrplan", der Ihnen einen Überblick über die zu erledigenden Dinge und deren Termindringlichkeit bietet. In die Gesamtübersicht ab Seite 10 tragen Sie im Laufe der Vorbereitungen die tatsächlichen Daten und Fakten ein – so haben Sie die wichtigsten Namen, Telefonnummern und Informationen immer parat.

Die einzelnen Themen sind in den beiden Kapiteln „Die Planung im Detail" und „Der große Tag" zusammengefasst, inklusive Erklärungen und Illustrationen. Das Buch ist so gestaltet, dass Sie Ihre eigenen Ideen eintragen und gesammelte Bilder einkleben können. So halten Sie am Ende eine vielfältige Sammlung all Ihrer Ideen und Wünsche in Händen, die Sie für immer an Ihren großen Tag erinnern wird.

Ich gratuliere Ihnen nochmals zur bevorstehenden Hochzeit und freue mich, Sie bei der Organisation begleiten zu dürfen. Mögen Sie ein tolles Fest mit wunderbaren Momenten erleben!

Ihre Sandra Abid ❤

Meine ganz persönlichen Ideen für Ihre Hochzeit

Vorab einige meiner persönlichen Empfehlungen, die Ihr Fest besonders machen können:

- Kaufen Sie auf Ihrer nächsten Reise oder einem Ausflug einen Ringteller, der auch eine Schale oder ein Kerzenhalter sein kann. Der Gegenstand ist später sowohl eine schöne Erinnerung an den Urlaub als auch an Ihre Trauungszeremonie!
- Fügen Sie der Einladung einen Ablaufplan des Tages bei, damit alle Gäste wissen, wann sie wo sein sollen. Den Plan drucken Sie auf durchsichtiges Papier, so kann er noch in letzter Minute den Einladungen beigelegt werden.
- Organisieren Sie eine Person für den Gästeempfang, zum Beispiel eine Freundin oder ein tüchtiges Familienmitglied, oder professionelle Hilfe wie einen Weddingplanner. Diese Person verwaltet die Gästeliste und überreicht den Gästen Tischzuweisungskarten, Programmhefte etc. So überprüfen Sie elegant, wer für die Trauung bereits anwesend ist.
- Erstellen Sie ein „Who is Who"-Heft, in dem Sie jeden Gast mit Foto und kurzer Beschreibung (zum Beispiel Beziehung zum Brautpaar) vorstellen.
- Lassen Sie bei der Frage des Standesbeamten oder/und dem Ringwechsel ein romantisches Lied einspielen. Spätestens im Video werden Sie den Effekt bemerken!
- Denken Sie an eine Beschäftigung für die kleinen Gäste. Buchen Sie eine Kinderbetreuung oder bereiten Sie für jedes Kind etwas vor (zum Beispiel Malsachen), das beim Eintreffen der Familien ausgeteilt wird oder am Tisch aufliegt.
- Geben Sie den Tischen Namen. Wählen Sie zum Beispiel Ihre (gemeinsamen) Lieblingsorte (und verraten Sie den Gästen auch, wann und warum Sie dort waren, Details zur Destination etc.), Namen von Schauspielern, Automarken usw.
- Organisieren Sie vorab die Hochzeitsfotos Ihrer Gäste. Diese können Sie als Collage oder in einem Rahmen ausstellen, jeweils mit den Namen und Hochzeitsdaten – das sorgt bestimmt für Aha-Erlebnisse und Freudentränen.
- Legen Sie bunte und/oder bedruckte Fächer (in den Farben der Hochzeit) auf. Sie sorgen gerade im Sommer für Abkühlung und sind ein schönes Give-away.
- Lassen Sie zur Unterhaltung der Gäste Kreuzworträtsel anfertigen und legen Sie diese auf den Tischen auf. Sie können auch ein Gewinnspiel daraus machen und damit die Gäste unterhalten, während Sie beim Fototermin sind.

- Richten Sie eine Fotoecke ein, die für abwechslungsreiche Erinnerungsfotos sorgt (zum Beispiel mit Honeymoon-Setting oder vorbereiteten Verkleidungen).
- Wenn es geliebte Verstorbene gibt, deren man gedenken möchte, könnten Sie die Fotos (kleines Format) einschweißen und am Brautstrauß befestigen oder an der Festtafel einen Ehrenplatz einplanen, den Sie freihalten und mit Fotos schmücken.
- Ein allerletzter Tipp: Lassen Sie sich von jedem Lieferanten bzw. Anbieter eine schriftliche Bestätigung der Reservierung/Leistung geben. So haben Sie alle Daten und Fakten zur Hand und im Notfall den Beweis über den vereinbarten Rahmen.

Und jetzt hinein ins Vergnügen Hochzeitsorganisation ... Keine Angst, Ihr Tatendrang wird belohnt!

Mein Tipp

Machen Sie in der Vorbereitungsphase von allem, was Ihnen gefällt, ein Foto (mit dem Handy), auch wenn Sie ad hoc meinen, dass es gar nicht zu Ihnen und Ihrer Hochzeit passt ... Vielleicht weisen die grellroten Lampions schließlich doch den Gästen den Weg zum Dinner oder das herzige Rüschendeckchen dekoriert den modernen Glastisch am Empfang. Notieren Sie immer gleich, wo und zu welchem Preis Sie den Artikel gesehen haben.

Gesamtübersicht: Unsere Hochzeit

	DATEN	TO-DOS & KOSTEN
Braut		
Bräutigam		
Trauzeuge Braut		Ausweis mitnehmen!
Trauzeuge Bräutigam		Ausweis mitnehmen!
Etern Braut		
Eltern Bräutigam		
Weddingplanner/Helfer		
FAKTEN		
Budget		
Gästeanzahl/Gästeliste		
TRAUUNG		
Trauungstermin		
Termin der Feier		
Unterlagen Standesamt		Geburtsurkunden (auch der Kinder) Scheidungsurteile Meldezettel
Unterlagen Kirche		Ehebefähigungszeugnis Taufurkunde
Freie Trauung		Hochzeitsredner
LOCATIONS		
Standesamt		
Pfarramt/Pfarrer		
Agape		
Externe Location Trauung		
Ort der Hochzeitsfeier		
MOTTO		
Motto der Hochzeit		
Farbthema		

KLEIDUNG		
Brautkleid gekauft bei		
Anzug gekauft bei		
Ringe gekauft bei		
Ausstattung Brautjungfern		
Ausstattung der Herren		
ZULIEFERER AUSSTATTUNG		
Florist		
Dekoration		
Möbel		
Technik		
Kinderzubehör		
DIENSTLEISTER		
Fotograf		
Adresse Fotostudio (Shooting)		
Videograf		
Visagist		
Adresse Visagist (Probe-Make-up)		
Friseur		
Kinderanimation		
MUSIK & SHOW		
Musik (DJ)		
Musik (Band)		
Musik in der Kirche		
Zeremonienmeister		
Artist		
Zauberer		
Feuerwerk		
Hochzeitsspiele		

DRUCKSORTEN		
Drucksorten bestellt bei		
PDFs erstellt		
Geschenkeliste aufgelegt bei		
Geschenkeliste online (Link)		
Programmheft Kirche		

TRANSPORT		
Transport Braut		
Transport Bräutigam		
Transport Gäste		

PLÄNE & PARKEN		
Anfahrtsplan & Parkplatz Kirche		
Anfahrtsplan & Parken Standesamt		
Anfahrtsplan & Parken Location		
Genehmigungen eingeholt		

UNTERKÜNFTE		
Unterkunft auswärtige Gäste		
Hochzeitssuite Brautpaar		

ESSEN & GETRÄNKE		
Menü Hochzeitsfest		
Auswahl Agape		
Externer Barkeeper		
Tortenproduzent		

HOCHZEITSREISE		
Destination		
Anbieter		
Unterlagen	Pass Hochzeitsurkunde (Namen im Ticket!) Devisen Impfpass	

POLTERABEND		
Polterabend Braut		
Polterabend Bräutigam		

DIVERSES		
Notar für Ehevertrag (o. Ä.)		
Tanzlehrer/Tanzschule		

Platz für weitere To-dos

Fahrplan: Vorbereitungen Schritt für Schritt

6 Monate vorher

SECHS MONATE VOR DER HOCHZEIT		
☐	Termin festlegen	Achtung: Feiertage, schulfreie Tage, Ferien berücksichtigen!
☐	Aufgebot am Standesamt bestellen (6 Monate bis 6 Wochen im Voraus)	Alle Infos zur Eheschließung finden Sie unter www.help.gv.at.
☐	Unterlagen und Dokumente sowie andere Voraussetzungen (Ehevorbereitungskurs, Aufgebot etc.) zusammenstellen	
☐	Festrahmen festlegen	Standesamt/Kirche/andere Trauungsform, rauschendes Fest, intime Feier, im Freien oder im Ausland?
☐	Budgetplan festlegen	Kostenverteilung besprechen (Eltern)
☐	Vorläufige Gästeliste zusammenstellen	Kinder und ihre besonderen Bedürfnisse berücksichtigen (Beschäftigung vorbereiten, Kindertisch planen)
☐	Kirchliche Hochzeit: im zuständigen Pfarramt anmelden, Termin mit dem Pfarrer fixieren	
☐	Trauzeugen auswählen und einladen	An notwendige Papiere erinnern
☐	Brautjungfern und Blumenkinder bestimmen	
☐	Genauen Festkalender (mit Polterabend, Empfang etc.) zusammenstellen	
☐	Interessante Locations recherchieren und Kostenvoranschläge einholen	
☐	Shortlist mit fünf bis zehn Locations erstellen und diese besichtigen	Vor Ort alle Details klären: Zufahrt/Parkberechtigungen, Outdoor-/Indoorvariante, Trauungsort/Feier/Agape/Party, Kosten für Catering (Pauschale/Verbrauch), Dekoration, Saal, Musik, Angebote vor Ort, Extras etc.
☐	Testessen Hochzeitstafel	
☐	Musik für die Hochzeit buchen	Standesamt, Kirche und Feier Band, DJ, Gospel etc.
☐	Transportmittel buchen (Kutsche, Oldtimer, Limousine ...)	
☐	Fotografen buchen	

☐	Hochzeitsreise planen	Pässe auf Gültigkeit überprüfen, Impfungen vornehmen, Visa beantragen, Urlaub anmelden
☐	Spiele planen	Wer organisiert diese?
☐	Ideen zum Hochzeitskleid sammeln	

VIER BIS FÜNF MONATE VOR DER HOCHZEIT

4–5 Monate vorher

☐	Location für das Hochzeitsfest buchen	Parkgenehmigungen notwendig?
☐	Brautkleid auswählen	Accessoires (Schleier, Schuhe, Tasche, Strümpfe, Dessous, Tiara etc.) nicht vergessen
☐	Anzug für den Bräutigam auswählen	Passend zum Brautkleid
☐	Engste Verwandte und Brautjungfern über Kleidungswünsche informieren	
☐	Geschenkliste und Hochzeitstisch zusammenstellen	
☐	(Sonder)Urlaub beim Arbeitgeber beantragen	
☐	Hochzeitsreise buchen	
☐	„Save the Date“ oder die Hochzeitseinladungen versenden	
☐	Zubehör, das Sie für die Hochzeit benötigen, kaufen oder buchen	Roter Teppich, Musikanlage, Stehtische für Agape beim Standesamt/Kirche (inkl. Tischtücher), Kindermalset etc. Outdoor: Sonnen-, Regenschirme, Pagode etc.
☐	Klären, ob Specials gewünscht sind	Feuerwerk, Clown, Zauberer, Tanzshow, Saxofonspieler, Solosängereinlage, Fotocorner, Fotoautomat etc.
☐	Evtl. Kinderanimation/Babysitter zur Betreuung der Kinder buchen	
☐	Showmaster/Moderator/Zeremonienmeister für den Abend beauftragen	

DREI MONATE VOR DER HOCHZEIT

3 Monate vorher

☐	Eheringe auswählen	
☐	Morgengabe auswählen	Beispiel: Herren schenken ein Schmuckstück, Damen eine persönliche Fotoserie
☐	Gästeliste nochmals überprüfen	
☐	Geschenklisten auflegen (oder Onlineschaltung)	

Hotelzimmer für die Hochzeitsnacht buchen	
Hochzeitsdrucksorten produzieren lassen: Einladungskarten, Tisch- und Menükarten, Dankeskarten etc.	Hinweis auf Anfahrt, Abholung, Übernachtung, Parkplatz nicht vergessen, kurzen Ablaufplan für die Gäste beilegen
Hochzeitseinladungen versenden	
Programmheft für Kirche erstellen	
Tagesablauf der Hochzeit festlegen	
Florist aussuchen und Stil für die Dekoration (verschiedene Orte, Fahrzeuge) wählen	Evtl. Blumen für Kirche mit nächster Trauung teilen bzw. für die Feier wiederverwenden
Brautstrauß und Ansteckstrauße für Trauzeugen und Brauteltern aussuchen	
Korb für das Blumenmädchen besorgen	
Hochzeitskerze bestellen	
Übernachtungsmöglichkeiten für auswärtige Gäste reservieren	
Über Ehevertrag oder sonstige Regelung nachdenken und Notar aufsuchen	
Termin für Polterabend festlegen und Rahmen planen	Sollte spätestens zwei bis drei Tage vor der Hochzeit stattfinden
Tanzstunden nehmen/Tanzkurs besuchen	
Alle Papiere überprüfen	

ZWEI MONATE VOR DER HOCHZEIT

2 Monate vorher

Mit dem Pfarrer über den genauen Ablauf der Trauung und die Musik in der Kirche sprechen	
Tischeinteilung, Sitzordnung und Tischschmuck festlegen	
Menü/Speisenfolge und Getränke mit Hotel, Restaurant oder Partyservice absprechen	
Mit dem Fotografen abklären, ob Fotos im Studio, im Freien, beim Fest, bei einer anderen Location oder an einem anderen Termin gemacht werden	Fotobuch, Fotoalbum, Foto für Dankeskarten einplanen
Mit dem Videografen die Hochzeitsreportage besprechen	Kameramann?
Freunde und Verwandte, die bei der Hochzeit (in Kirche) eine Aufgabe haben, unterrichten	
Sind Bräuche und Spiele gewünscht?	

☐	Brautauto bestimmen oder mieten	Wer fährt das Auto? Wer ist dabei?
☐	Notwendige Impfungen für die Hochzeitsreise	
☐	*Etwas Altes*	Haben Sie ein besonderes Erinnerungsstück von der Familie/Freunden?
☐	*Etwas Neues*	Hochzeitskleid, Anzug, Eheringe
☐	*Etwas Blaues*	Strumpfband oder Schleife am Brautstrauß
☐	*Etwas Geborgtes*	Von Familie oder Freunden besorgen

FÜNF WOCHEN VOR DER HOCHZEIT

5 Wochen vorher

☐	Absprache mit allen Aufgabenträgern	
☐	Menüfolge und Raumschmuck im Restaurant besprechen	
☐	Gästetransport planen	
☐	Hotelzimmer für Gäste und Hochzeitssuite rückbestätigen lassen	
☐	Polterabend organisieren	
☐	Probefrisur vom Friseur machen lassen	
☐	Termin bei der Kosmetikerin vereinbaren und Make-up ausprobieren	
☐	Blumen für die Hochzeitsfeier bestellen (Brautstrauß, Kirchenschmuck, Restaurant, Blumenkinder, Ansteckschmuck)	
☐	Hochzeitstorte bestellen	
☐	Festlegen, wie viele zusätzliche Helfer vor Ort gebraucht werden	
☐	Finanzplan überprüfen	
☐	Gästebuch, Ringkissen, Liste zum Eintragen, welches Geschenk von wem war, kaufen	

ZWEI WOCHEN VOR DER HOCHZEIT

2 Wochen vorher

☐	Brautkleid mit allen Accessoires anprobieren	
☐	Neue Schuhe eingehen	
☐	Hochzeitsanzug anprobieren	
☐	Eheringe polieren lassen	

EINE WOCHE VOR DER HOCHZEIT

1 Woche vorher

☐	Friseurbesuch des Bräutigams	
☐	Gästeliste durchgehen und Restaurant/Partyservice über genaue Anzahl informieren	

☐	Alle Reservierungen und Termine (Standesamt, Fahrzeuge, Hotelzimmer, Musiker, Friseur, Kosmetikerin etc.) überprüfen und bestätigen lassen	
☐	Generalprobe mit Brautpaar, Brautführer, Trauzeugen, evtl. Eltern	
☐	Route Wohnung – Standesamt – Kirche – Restaurant abfahren	Auf Behinderungen und Parkmöglichkeiten überprüfen

2–3 Tage vorher

SPÄTESTENS ZWEI BIS DREI TAGE VOR DER HOCHZEIT

☐	Polterabend feiern	

Am Vortag

AM TAG VOR DER HOCHZEIT

☐	Koffer für Honeymoon packen	
☐	Notfalltäschchen für die Hochzeit packen	Ersatzstrumpfhose, Ersatzhemd, Fleckenentferner, Sicherheitsnadel, Nähzeug, Mittel gegen Übelkeit, Nerventropfen etc.
☐	Geld für Kollekte, Ministranten, Boten etc. bereitlegen	
☐	Ringe und Papiere bereitlegen	
☐	Blumenschmuck in Kirche und für Location vorbereiten, falls am Hochzeitstag nicht möglich	

Am Morgen

AM MORGEN DES HOCHZEITSTAGS

☐	Brautstrauß abholen	Bräutigam oder Weddingplanner
☐	Termin bei Friseur und Visagisten wahrnehmen	Noch besser: Dienstleister kommen zur Braut
☐	Blumendekoration abholen bzw. anbringen lassen	
☐	Transport rückbestätigen lassen (pünktlich?)	

Danach

NACH DER HOCHZEIT

☐	Tickets, Pässe und Reiseunterlagen für die Hochzeitsreise einpacken	Telefonnummern für den Notfall, Heiratsurkunde etc. nicht vergessen
☐	Fotos aussuchen und Abzüge bestellen/ Link versenden	
☐	Dankeskarten produzieren und verschicken	

Braut
Bräuti-
gam

Die Planung im Detail

Finanzplanung & Kosten

Bevor Sie mit der Planung Ihrer Hochzeit beginnen, sollte der Finanzrahmen abgeklärt werden, denn das zur Verfügung stehende Budget wird viele Aspekte der Hochzeitsplanung beeinflussen. Aber keine Angst, auch wenn Ihnen kein allzu großes Budget zur Verfügung steht, werden Sie mit ein paar Abstrichen hier und da eine wundervolle Hochzeit erleben. Immerhin geht es ja darum, dass Sie beide einander das Jawort geben wollen, um Ihrem Zusammenleben und Ihrer Familie einen Rahmen zu geben. Und dieser Akt der Zuneigung bedarf nicht unbedingt eines opulenten Fests mit Dutzenden Gästen und teurem Interieur. Mit guter Planung und effizienten Preisvergleichen wird Ihnen alles gelingen!

Früher übernahm die Familie der Braut alle Kosten, heute ist diese Art der „Mitgift" aber nur noch selten üblich. Oft teilen sich Brautpaar und Eltern die Kosten oder das Paar übernimmt die Ausrichtung der Hochzeit selbst. Deshalb sollte ein genauer Plan aufgestellt werden, sodass Sie zu jedem Zeitpunkt einen detaillierten Überblick über die Kosten haben und wissen, ob Sie beim Brautkleidkauf über die Stränge schlagen können oder ob Sie bei der Location einen Kompromiss eingehen müssen, indem Sie statt des Märchenschlosses doch ein weniger kostenintensives Restaurant am See buchen.

Planen Sie in jedem Fall einen Notgroschen für Überraschungen ein, denn meist werden die Kosten von Kleinigkeiten (etwa Dekoartikel) unterschätzt. Ein Beispiel für die Gestaltung einer Kostenkalkulation finden Sie auf Seite 25.

Mein Tipp

Rechnen Sie nur mit Geld, das Ihnen zur Verfügung steht. Planen Sie Geldgeschenke von Eltern und Freunden nur nach vorheriger Absprache konkret ein!

Die Kosten für Ihre Hochzeit sind natürlich abhängig von Rahmen und Umfang des Fests, hier aber einige Posten, die zu berücksichtigen sind. Die Preisbeispiele dienen lediglich als Richtwert.

Budget

Standesamt	150,–
Eheringe	1.000,–
Brautkleid	1.000,–
Schuhe & Accessoires	200,–
Anzug & Accessoires	500,–
Miete der Location	600,–
Catering & Getränke (50 Personen)	4.000,–

Blumen & Dekoration	500,–
Drucksorten	250,–
Torte	300,–
DJ	500,–
Fotograf	700,–
Gesamt	**9.700,–**

Weitere Kosten können etwa beim Polterabend, für die Kleider der Blumenkinder, die Hochzeitsreise oder die Übernachtung auswärtiger Gäste anfallen.

Bei den folgenden Punkten können Sie am ehesten Kosten einsparen:

- **Dekoration:** Auf den folgenden Seiten werden Sie Motto, Farbgebung und Idee Ihrer Hochzeit eruieren. Natürlich bietet es sich an, die Location dem Thema entsprechend zu schmücken und auszustaffieren. Aber manchmal ist weniger mehr: Wenn Ihr Motto „Karibische Hochzeit" lautet, reicht es vielleicht, ein paar Palmen zu mieten und die Tische anstatt mit teuren exotischen Orchideengestecken mit farbigen Servietten, Gläsern (gefüllt mit schwimmenden Kerzen) und Streublumen zu dekorieren. An den Sesseln bringen Sie bunte Stoffbänder an und Sie bitten Ihre Gäste, sich dem Motto entsprechend farbenfroh zu kleiden.
- **Brautkleid:** Sicher, die opulent bestickten Designerkleider sind ein Hingucker und Sie würden sich darin wie eine Königin fühlen. Aber falls Ihr Traumkleid die Hälfte Ihres Hochzeitsbudgets verschlingen würde, müssen Sie wohl eine Alternative finden. Sehen Sie sich in verschiedenen Brautmodengeschäften um, vielleicht hat eines ein ähnliches, günstigeres No-Name-Kleid. Ziehen Sie auch ein Secondhandkleid in Erwägung, das ordentlich gereinigt wurde. Oder fragen Sie Ihre Freundin, ob sie ihr Brautkleid, das seit Jahren im Kasten hängt, weitergeben will – mit ein paar Änderungen vom Schneider und neuen Accessoires können Sie es Ihrem eigenen Stil anpassen. Vielleicht haben Sie aber auch eine begabte Freundin oder Tante, die Ihnen ein Kleid nach Ihren Vorstellungen entwirft und näht und Ihnen somit gleich ein tolles Hochzeitsgeschenk macht.

- **Gästeanzahl:** Denken Sie genau darüber nach, wie weit Sie bei der Gästeliste wirklich ausholen müssen/wollen. Freunde und Verwandte, die man schon seit Jahren nicht mehr gesehen hat, muss man nicht zur Hochzeit einladen, wenn es das Budget nicht erlaubt.
- **Wahl der Drucksorten:** Hier gibt es von Druckerei zu Druckerei große Preisunterschiede. Vergleichen Sie genau! Kosten können Sie auch bei der Wahl des Papiers und Veredelungen sparen. Zudem gibt es mittlerweile viele Onlineanbieter, bei denen man geschmackvolle Drucksorten für einen Bruchteil des Geldes bestellen kann. Viele bieten clevere Do-it-yourself-Vorlagen an, die Sie nach Ihren Wünschen bearbeiten und verändern können.
- **Musik:** Generell kostet eine Band mehr als ein DJ, klar, es sind ja mehrere Personen, die Ihr Können darbieten. Aber was tun, wenn Musik vom DJ einfach nicht zum Stil Ihrer Hochzeit passt? Buchen Sie die Band nicht für den ganzen Abend, sondern nur als „Showeinlage“, zum Beispiel für eine Stunde. Den Rest des Abends legt ein DJ auf. Oder Sie bitten einen Freund, sein Smartphone mit den besten Songs der letzten 20 Jahre zu bestücken und vor Ort über die Tonanlage abzuspielen.
- **Location:** Es muss nicht immer das teure Märchenschloss sein – mit etwas Dekoration lassen sich viele Locations in den passenden Tanzsaal verwandeln.
- **Blumen** können unheimlich ins Geld gehen. Abstriche lassen sich bei den Sorten und der Verarbeitung machen. Überlegen Sie, ob Ihnen nicht einzelne Blüten in einer Glasschüssel ebenso gefallen würden wie klassische Gestecke. Und sollten Trauung und Feier an verschiedenen Orten stattfinden, nehmen Sie die Dekoration aus der Kirche mit und bringen diese im Anschluss an der Festtafel an.

Beispiel

Legen Sie sich eine Kalkulation zurecht, die all Ihre Kostenfaktoren aufzählt.

KOSTENFAKTOR	Bis wann zu zahlen?	Budget	Tatsächlicher Preis	Wer zahlt das?	Erledigt
Miete Location					☐
Blumen zur Dekoration					☐
Brautstrauß					☐
Accessoires Braut					☐
Friseur Braut					☐
Brautkleid					☐
Visagist Braut					☐
Anzug Bräutigam					☐
Friseur Bräutigam					☐
Dekoration für Saal und Trautisch					☐
Catering Feier					☐
Hochzeitstorte					☐
Trinkgelder					☐
Fotograf					☐
Ausarbeitung Fotos					☐
Eheringe					☐
Verlobungsring					☐
Gastgeschenke					☐
Hochzeitsreise					☐
Einladungskarten					☐
Musik/DJ					☐
Musikanlage					☐
Strom					☐
Traugebühr Standesamt					☐
Weddingplanner/Helfer					☐
...					☐
...					☐

Die standesamtliche Trauung

Nun ist es so weit und Sie wollen die Ehe eingehen. Egal, welche simplen oder ausgefallenen Ideen Ihnen vorschweben, nichts geht ohne das zugehörige Standesamt des Bezirkes/der Gemeinde, in dem/der Sie wohnen. Dort ist die Eheschließung anzumelden und das Aufgebot zu bestellen.

Externe Trauung

Heutzutage muss man nicht mehr zwingend am (Heimat)Standesamt heiraten. Sie können sich einem alternativen Standesamt, das Ihnen besser gefällt, zuweisen lassen.
Falls Sie aber immer schon von einem ganz speziellen Ort oder außergewöhnlichen Rahmen für Ihre Trauung geträumt haben, bieten die österreichischen Standesämter auch sogenannte „Traumhochzeiten" an externen Plätzen an. Nicht jeder ausgefallene Ort kommt dafür infrage, so werden zum Beispiel keine Trauungen in Privatgärten abgehalten.
Die Gründe sind vielfältig: Eine externe Trauungslocation muss kommissioniert werden und unterliegt somit verschiedenen Auflagen, wie zum Beispiel jener, dass diese auch anderen Brautpaaren zur Verfügung stehen muss. Ich nehme nicht an, dass es Ihnen gefallen würde, jeden Samstagnachmittag Hochzeitsgesellschaften in Ihrem Garten zu bewirten. Des Weiteren müssen Fluchtmöglichkeiten gegeben sein und der Innenraum (Schlechtwettervariante) ebenfalls genug Platz und barrierefreie Fluchtmöglichkeiten bieten. Aber es gibt eine Reihe externer Locations mit Gärten – und für die meisten Wünsche auch das passende Angebot.

Eine Übersicht externer Locations für Ihre „Traumhochzeit" in Wien finden Sie beispielsweise im Internet. Für alle weiteren Bundesländer erhalten Sie am zuständigen Standesamt Informationen über die bestehenden Möglichkeiten. Viele praktische Informationen finden Sie auf Seite 175.

Aufgebot bestellen

Die Anmeldung zur standesamtlichen Trauung (Aufgebot) kann frühestens sechs Monate vor dem gewünschten Trauungstermin vorgenommen werden. Eine Mindestfrist vor der Trauung ist nicht mehr vorgesehen, allerdings sollte man bedenken, dass die durchschnittliche Wartezeit auf einen Termin in größeren Städten zwei bis sechs Wochen betragen kann. Die Standesämter von Linz, Mödling, Salzburg und Wien bieten die Möglichkeit, eine Onlineterminreservierung vorzunehmen.

Zur Anmeldung der standesamtlichen Trauung benötigen Sie folgende Unterlagen:

- Ausweis/Pass
- Staatsbürgerschaftsnachweis
- Geburtsurkunden der Brautleute
- Meldezettel
- Nachweise zu akademischen Graden oder Titeln
- Aufenthaltsbescheinigung für Partner ohne Staatsbürgerschaft
- eventuelle Scheidungsurteile und frühere Heiratsurkunden
- für Verwitwete eine beglaubigte Abschrift aus dem Familienbuch der vorangegangenen Ehen bzw. frühere Heiratsurkunden sowie Totenschein oder Sterbeurkunde des verstorbenen Ehepartners
- In Österreich dürfen Personen ab dem vollendeten 18. Lebensjahr heiraten. Bei Minderjährigen bedarf es einer Einverständniserklärung der Erziehungsberechtigten.

Wenn Sie ein gemeinsames Kind haben, benötigen Sie zusätzlich:

- Geburtsurkunde des gemeinsamen Kindes
- Vaterschaftsanerkenntnis der gemeinsamen Kinder (sofern der Vater auf der Geburtsurkunde noch nicht eingetragen ist)
- Nachweis der Staatsangehörigkeit (wenn vorhanden)
- Nachweis des Wohnsitzes der Kinder

Sonderfall binationale Ehe

Hier benötigt der Partner ohne österreichische Staatsbürgerschaft einen Nachweis seiner/ihrer Staatsbürgerschaft sowie ein Ehebefähigungszeugnis, das vom Standesamt des Heimatortes ausgestellt wird und bescheinigt, dass die Person ehemündig, geschäftsfähig und unverheiratet ist. Eventuell sind zusätzlich zu den genannten Dokumenten noch weitere notwendig. Informationen dazu erhalten Sie am Standesamt.

Trauung im Ausland

Viele Reiseveranstalter bieten mittlerweile die Möglichkeit, „im Paradies" zu heiraten – für manche Paare ist das sicher die schönste Variante. Vielleicht möchten Sie eine Villa in der Toscana mieten und sich dort unter der Sonne Italiens im Kreise Ihrer Familie und Freunde das Jawort geben? Oder soll es eine Partyhochzeit am Strand von Miami werden?

Egal, ob Ihre Hochzeit im Ausland nun eher als „Big Fat Greek Wedding" oder mit einem schnellen Stopover in einer „Wedding chapel" in Las Vegas erledigt wird (was auch nicht ganz ohne Vorbereitungen möglich ist), hier ein paar wichtige Tipps zur Organisation:

- Bei jeder Trauung im Ausland benötigen Sie **Dokumente**, die Ihre Herkunft und Staatsbürgerschaft bestätigen, vor allem aber die Geburtsurkunde, einen gültigen Reisepass sowie eventuelle Scheidungsurteile oder Sterbeurkunden früherer Ehepartner.
- Denken Sie daran, die Dokumente vor Reiseantritt in die jeweilige **Landessprache**, zumindest jedoch ins Englische, übersetzen zu lassen.
- In fast allen Ländern/Gemeinden (außer Las Vegas und manchen Regionen Dänemarks) muss man eine gewisse **Mindestaufenthaltszeit** vorweisen können, bevor man sich das Jawort geben kann. Dieser Zeitraum kann zwischen zwei Tagen und drei Wochen variieren. Planen Sie Ihre Reise dementsprechend.
- Damit die Ehe in Österreich gültig ist, muss der ausländische Trauungsvollzug auf einem hiesigen Standesamt **bestätigt** werden.
- **Achtung:** Nicht alle internationalen Eheschließungen werden in Österreich anerkannt! Haben Sie zum Beispiel auf den Malediven geheiratet, müssen Sie in Österreich nochmals am Standesamt heiraten. Haben Sie sich hingegen auf den Seychellen trauen lassen, wird die Heiratsurkunde in Österreich anerkannt. Informationen dazu erhalten Sie beim jeweiligen Konsulat.

Unser Standesamt

Standesamt des Wohnorts

Gewünschtes Standesamt für die Trauung

Ideen für die Location der „Traumhochzeit"-Trauung

Eheschließung in Deutschland: Auch in Deutschland kann eine Ehe nur vor einem Standesbeamten geschlossen werden. Eine religiöse Zeremonie hat keine rechtlichen Wirkungen. Auskünfte zur Eheschließung erhalten Sie am Standesamt des deutschen Wohnsitzes. Hat keiner der Verlobten einen Wohnsitz oder gewöhnlichen Aufenthalt in Deutschland, so ist das Standesamt, vor dem die Ehe geschlossen werden soll, für die Anmeldung zuständig (siehe Seite 175).

Eingetragene Partnerschaften gleichgeschlechtlicher Paare in Österreich

Seit 1. Jänner 2010 gibt es in Österreich die Eingetragene Partnerschaft (EP), welche zwei Menschen des gleichen Geschlechts begründen können. Es handelt sich hier, ähnlich der Ehe, um eine Lebensgemeinschaft auf Dauer mit gegenseitigen Rechten und Pflichten.

Wie bei einer standesamtlichen Trauung müssen beide Partner anwesend sein und vor einer Beamtin/einem Beamten der Bezirksverwaltungsbehörde (Magistrat) mit oder ohne Zeugen einzeln und nacheinander bestätigen, dass sie die eingetragene Partnerschaft miteinander begründen wollen. Nach Bejahung der Fragen nimmt der Beamte/die Beamtin eine Niederschrift auf. Dieser amtliche Akt kann auch außerhalb der Verwaltungsräume stattfinden und so wie eine Hochzeit organisiert werden (siehe Seite 175).

Die kirchliche Trauung

Wenn Sie als Mädchen die bombastische Trauung von Prinzessin Diana und Prinz Charles im Fernsehen mitverfolgt haben, ging es Ihnen vielleicht so wie mir, denn von dem Moment an wusste ich: Ich will auch so ein riesiges Kleid und vor allem diese lange Schleppe hinter mir herziehen ... Nun, heutzutage tragen wir Gott sei Dank keine Brautkleider mehr, die uns wie Sahnebaisers aussehen lassen. Und die eindrucksvolle Aufmachung wurde im Endeffekt durch den Rahmen der Hochzeit (in Dianas Fall die Londoner St Paul's Cathedral) in Szene gesetzt.
Wollen Sie Ihrer Vermählung den Segen Gottes geben, ist eine kirchliche Trauung sicher der Höhepunkt der Feierlichkeiten. Aber egal, ob in der kleinen Dorfkapelle oder im Wiener Stephansdom, die organisatorischen Aufgaben sind immer die gleichen: Für die Anmeldung zur kirchlichen Trauung ist in Österreich die standesamtliche Trauung Voraussetzung. Vereinbaren Sie daher den kirchlichen Termin erst, wenn Sie den standesamtlichen Termin bestätigt bekommen haben. Sobald der Termin für die standesamtliche Trauung festgelegt ist, nehmen Sie Kontakt mit dem Pfarrer der gewünschten Kirche auf. Er wird mit Ihnen alle weiteren Details der kirchlichen Trauung besprechen und festlegen.
Gehören die Partner unterschiedlichen Glaubensrichtungen an, sollten Sie zuerst überlegen, ob Sie sich katholisch, evangelisch oder ökumenisch trauen lassen möchten. Ist einer der beiden Partner Katholik, benötigt er/sie die Erlaubnis des Gemeindepfarrers, um nach evangelischem oder ökumenischem Ritus heiraten zu können.
Prinzipiell gilt sowohl in der katholischen als auch in der evangelischen Kirche die Ehe als unauflösbar. War Braut oder Bräutigam bereits verheiratet, ist eine zweite kirchliche Heirat in der katholischen Kirche nur in bestimmten Ausnahmefällen möglich, zum Beispiel wenn die erste Ehe kirchlich annulliert wurde. Waren Sie hingegen „nur" standesamtlich verheiratet, so entscheidet der Pfarrer, ob er Sie trauen wird. Die evangelische Kirche traut auch Geschiedene.

Folgende Dokumente benötigen Sie:
- Taufschein
- Firmzeugnis/Konfirmationszeugnis
- Ausweis/Pass
- Bescheinigung über die Anmeldung zur standesamtlichen Trauung bzw. die Heiratsurkunde
- Traulizenz, falls Sie nicht in Ihrer Heimatgemeinde heiraten

Folgende Termine kommen auf Sie zu:
- **Zwei Traugespräche mit dem Pfarrer:** Darin spricht der Pfarrer den Ablauf der Zeremonie mit Ihnen durch und erklärt Ihnen den Sinn der christlichen Ehe.

Ehevorbereitungsseminar: Klingt ernster als es ist ... Hier geht es vor allem darum, über die Motive Ihrer kirchlichen Trauung nachzudenken und über die Ehe zu sprechen. Dem Pfarrer geht es meist darum, Sie darauf vorzubereiten, in Krisenzeiten zusammenzuhalten, Hilfe zu suchen und sich der Verantwortung gegenüber Ihrem Partner bewusst zu werden.

Für andere Glaubensgruppen gelten natürlich andere Regeln und Voraussetzungen – die Möglichkeiten sind vielfältig. In den meisten Fällen erhalten Sie alle Informationen direkt bei Ihrer Glaubensgruppe.

Mögliche Kirchen für die Trauung

1. ______________________________

Zuständiger Pfarrer/Kontaktdaten ______________________________

____

2. ______________________________

Zuständiger Pfarrer/Kontaktdaten ______________________________

____

3. ______________________________

Zuständiger Pfarrer/Kontaktdaten ______________________________

____

4. ______________________________

Zuständiger Pfarrer/Kontaktdaten ______________________________

____

Das Hochzeitsmotto

Bevor Sie sich endgültig in die Planung und Realisierung Ihrer Traumhochzeit stürzen, macht es Sinn, über Motto, Stil und den Rahmen Ihrer Feier nachzudenken. Auch wenn Sie bereits eine konkrete Idee haben, zahlt es sich aus, die folgenden Schritte durchzuarbeiten, um möglichst viele Details zu erfassen.

Von der Grundidee hängt alles ab: die Feierlocation, die Farbgestaltung, das Layout der Drucksorten, die Wahl der musikalischen Unterhaltung, vielleicht sogar die Outfits des Brautpaars usw. Überlegen Sie also, ob Sie Ihre Hochzeit unter ein Motto stellen wollen, welche typischen Accessoires und Elemente tonangebend sein sollen und welche Farben bzw. Blumen passen könnten. Notieren Sie Ihre Ideen und denken Sie zur Inspiration an Hobbys, Interessen, Gemeinsamkeiten, Vorlieben und dergleichen. In weiterer Folge klären wir Schritt für Schritt die weiteren Bausteine ab, darunter Blumen, Catering und Musik.

Beispiel **Wie kommen Sie zu einem originellen Hochzeitsmotto?** Nun, warum in die Ferne schweifen, liegt das Gute doch so nah ... Wenn Sie zum Beispiel ein gemeinsames Lieblingsreiseziel haben, nehmen wir an, Thailand ...

- ... dann wären **die typischen Farben** jene der thailändischen Flora (Pastellrosa, Mint, Apricot) oder der Geschichte des Landes (Rot, Gold).
- Als **Stilmittel** könnte eine Orchidee in einer dieser Farben dienen.
- Als Dekoelemente auf den Tischen eignen sich kleine und große Buddhas, die, versehen mit den Namen des Brautpaars und dem Hochzeitsdatum, zum Beispiel als **Give-away** verteilt werden können.
- Die **Drucksorten** könnten sowohl die Farben als auch die Orchidee aufgreifen.
- Am **Welcome-Tisch** erhalten die weiblichen Gäste bunte Thai-Fächer, die in der Hitze des Gefechts Abkühlung bieten.
- Als **Location** für Ihre Feier würde sich ein Pavillon in einem großen Garten (zum Beispiel in einem Schlosspark, das Clubhaus auf einem Golfplatz oder der Bootssteg an Ihrem Lieblingssee) oder eine moderne Eventlocation anbieten, die entsprechend dekoriert wird.
- Der **Ringteller** ist eine goldene Schale mit thailändischen Malereien.
- Ihre Gäste sitzen an **Tischen** mit den klingenden Namen Bangkok, Ko Samui, Ko Phangan, Phuket usw.
- Als **Mitternachtseinlage** verzaubert eine thailändische Tänzerin Ihre Gäste oder es spielt eine thailändische Ethnoband auf.
- In der **Fotoecke** liegen thailändische Accessoires bereit. Vielleicht gibt es sogar ein riesiges Poster, vor dem Sie und Ihre Gäste posieren, als ob Sie in Thailand geheiratet hätten.
- Und die **Hochzeitsreise** führt Sie natürlich auf Entdeckungstour nach Thailand, wofür Ihnen Ihre Hochzeitsgäste „Bausteine“ **schenken** können, die zum Beispiel vorab auf einer Website präsentiert werden: eine Nacht im Hotel in Bangkok oder ein Candle-Light-Dinner am Strand.

Tante
Maria
Unser Hochzeitsmotto
Thailand

Nun lassen Sie Ihrer Fantasie freien Lauf:

- [ ] Lieben Sie Hollywood-Klassiker?
- [ ] Gehen Sie begeistert wandern?
- [ ] Sind Sie ein sportliches Paar?
- [ ] Sind Sie ein ethnisch gemischtes Paar aus unterschiedlichen Kulturkreisen?
- [ ] Sind Sie eine Patchworkfamilie?
- [ ] Haben Sie Haustiere, die Ihr Leben prägen?
- [ ] ____

Hier einige Ideen für hübsche Farbkombinationen:

- Pastellgrün + Brombeer + Beige: besonders edel, wenn Brombeer sparsam eingesetzt wird
- Beige + Hellblau + Violett: sehr gediegen und elegant
- Blau + Türkis + Weiß: Meeresfarben
- Brombeer + Orange + Gelb: fröhliche Kombination kräftiger Sommerfarben, die die Location in einen warmen Sommertraum verwandeln
- Weiß + Hellblau + Schokolade: modern, edel, elegant
- Grün + Grau + Weiß: edel und leicht
- Rot + Grün + Weiß: Standardfarbthema bei Hochzeiten, besonders einfach umzusetzen (rote Rosen, weißes Kleid, grüner Efeu)

Unsere Ideen

Motto/Thema unserer Hochzeit

Dekoelemente als Leitmotiv

Gewünschte Blumenart

Gewünschte Farben

Passender Musikstil

Mögliche Locations

Mein Tipp

Besorgen Sie sich zur Inspiration Farbkarten aus dem Baumarkt.
Achten Sie außerdem darauf, dass die gewählten Farben zur Location passen!

Die Qual der Wahl

Unser Platz für Ideen

Unser gemeinsames Hochzeits-motto

Die Locations

Erste Gedanken über Ihr Hochzeitsmotto und den Rahmen Ihrer Feier haben Sie sich nun bereits gemacht. Das sind wichtige Voraussetzungen, um nach der richtigen Location Ausschau zu halten. Zudem sollten einige Faktoren mit Ihren Wünschen in Einklang gebracht werden … Bringt Sie ein romantischer Sommerhain, bestückt mit rustikalen Tischen, auf denen leichte Baumwolltücher flattern und die mit einem Bouquet selbst gepflückter, duftender Wiesenblumen geschmückt sind, ins Schwärmen? Oder träumen Sie seit Kindheitstagen von einer eleganten Hochzeit im majestätischen Ambiente eines Schlosses, wo Sie auf der Außentreppe anmutige Hochzeitsfotos schießen lassen? Oder sind Sie eher der moderne Typ, der lieber eine coole Hochzeitsparty ohne Kleidervorschriften und Schnickschnack feiern will, dafür aber das gestylte Ambiente eines Clubs oder einer Eventlocation schätzt? Oder …?
Wofür auch immer Sie sich entscheiden, ich rate Ihnen, sich zu Beginn der Hochzeitsvorbereitungen gemeinsam die Mühe zu machen, alles genau zu notieren und zu recherchieren, was Ihnen gefallen könnte. Schreiben Sie jeder für sich Wünsche und Ideen auf und vergleichen Sie diese.

Beispiel

Sind Ihre Ergebnisse zu unterschiedlich? Wirklich? Sie wünscht sich das Märchenschloss, er eine stylishe Bar über den Dächern der Stadt? Warum nicht kombinieren? Sie könnten zuerst romantisch auf der Schlosstreppe heiraten, die Agape im Schlossgarten abhalten und im Anschluss für Essen und Feier zur modernen Partylocation düsen. Ihr Brautkleid könnte dann aus zwei Teilen bestehen, einem „Grundkleid", das vielleicht sogar kurz geschnitten ist, und einem „Rockteil" mit Volant und viel Tüll, der darüber sitzt. Zur Hochzeit selbst kommen Sie mit dem „Rockteil", bei der Party tauchen Sie nur im kurzen Partydress auf.

Abgesehen von Art und Ausstattung der Location gibt es natürlich weitere – praktische – Aspekte, auf die bei der Wahl geachtet werden sollte, dazu zählen Platzangebot, Entfernung und Anfahrtsmöglichkeiten. Sonst könnte es am Tag der Hochzeit zu bösen Überraschungen kommen, wenn zum Beispiel der Anfahrtsweg zur Burg zu schmal ist, um dort Autos zu parken, und Sie und Ihre Gäste vor Beginn der Feier noch eine mühsame Bergwanderung hinlegen müssen. Oder vergessen wurde, bei der Outdoortrauung Sonnenschirme aufzustellen und letztlich die Mitzi-Tante einen Hitzeschock erleidet … Checklisten dazu finden Sie im Anschluss.
Zudem ist es, wie bereits erwähnt, unbedingt notwendig, sich gemeinsam über den Rahmen (inkl. finanzieller Mittel) einig zu werden. Egal, ob Sie in der Stadt oder am Land feiern, eine grobe Schätzung der Anzahl der Gäste ist notwendig, denn nicht jede Location bietet genug Platz – andere wiederum sehen mit wenigen Gästen eher traurig aus.
Das Finden der passenden Feierlocation ist eine der herausforderndsten Aufgaben bei der Hochzeitsorganisation, denn die beliebtesten sind meist schon lange im Voraus ausgebucht – seien Sie bei Ihrer Recherche also nicht zu traurig, wenn das Märchenschloss oder das Lieblingsrestaurant am gewünschten Termin nicht mehr zur Verfügung steht.

Ideen zu Locations

- **Klassische Hochzeitslocations** sind zum Beispiel ein Schloss oder Palais, ein edles Fünfsternehotel oder die Terrasse eines Nobelrestaurants. Eine klassisch anmutende Location kann im Übrigens auch äußerst cool und interessant wirken: Mit einem durchdachten Dekokonzept wird aus so manchem Märchenschloss ein Traum für coole Partynächte.
- **Traditionelle Locations** sind zum Beispiel ein uriger Gasthof, ein Hotel am Land oder sogar eine Alm. Haben Sie schon immer von einer edlen Trachtenhochzeit geträumt? Dann rein ins Dirndl und rauf auf 'n Berg ...
- **Romantische Sommerhochzeiten** machen sich besonders gut in einem großen Garten oder einer (Schloss)Parkanlage. Aber Achtung: Planen Sie bei Outdoortrauungen und Feiern immer eine Indoor-Schlechtwettervariante ein. Zumindest sollten Zelte oder Pavillons zur Verfügung stehen, um vor Regen zu schützen.
- **Specials:** Außergewöhnlich feiern Sie auf einem Schiff, einer mittelalterlichen Burg, in einem Weinberg, im Eishotel oder an einem Strand, in einem Heißluftballon, im Zoo, vor einem Leuchtturm, unter Wasser, in einer Seilbahn ... Der Fantasie sind keine Grenzen gesetzt und so könnte auch der Ort des ersten Kennenlernens, des Heiratsantrags oder eine private Finca in Spanien der geeignete Ort für Ihr Fest sein.

PALAIS AUERSPERG

In allerbester Lage, direkt an den Sehenswürdigkeiten der Stadt gelegen, lockt das Palais Auersperg mit seinen elf lichtdurchfluteten Prunksälen und einem Park, der seinesgleichen sucht. Einzigartig! Findet sich schließlich in solch einer Lage kein zweiter Park, welcher in Privatbesitz ist und für Hochzeiten exklusiv verwendet werden kann. Ob für den Sektempfang, Feuerwerk oder auch als idealer Hintergrund für Hochzeitsfotos ist er geradezu prädestiniert. Ein geschichtsträchtiges und majestätisches Haus, gepaart mit heimischer Spitzengastronomie und bestem Service aus einer Hand, garantiert eine exklusive Hochzeitsfeier mit dem gewissen Etwas. Ob eine im intimen Rahmen gehaltene Feier ab 40 Personen oder eine Hochzeitsgesellschaft mit 600 Gästen: Das wunderschöne Palais bietet die passenden Räumlichkeiten. Gemeinsam wird für die Hochzeitsgesellschaft und deren Ansprüche die optimale Variante gefunden und jede Hochzeitsfeier so zur märchenhaften Traumhochzeit!

Palais Auersperg
Auerspergstraße 1
1080 Wien

Tel.: 01 / 401 07
events@auersperg.com
www.auersperg.com

PALAIS SCHÖNBURG

Das Barockjuwel in 1040 Wien, Rainergasse 11 steht inmitten einer 15.000 m^2 großen Parkanlage. Das aufwendig renovierte Palais bietet den perfekten Rahmen für Hochzeitsfeiern, Firmenevents, Produktpräsentationen und vieles mehr.

www.palais-schoenburg.at

Location Agape

Nach der Trauung, jedoch noch vor der eigentlichen Hochzeitsfeier, laden viele Brautpaare zu einer Agape ein. „Agape" ist ein griechisches Wort für Liebe, welches durch das Neue Testament auch außerhalb des Griechischen zum festen Begriff geworden ist. Es bezeichnet eine göttliche oder von Gott inspirierte uneigennützige Liebe. In der frühen Kirche war die Agape ein Synonym für die Eucharistie. Hierbei brachten die Christen Lebensmittel und Wein mit, die gesegnet und gemeinsam verzehrt wurden. Damit erfüllte die Agape neben dem Ritus auch eine karitative Aufgabe.

Heute ist die Agape in Zusammenhang mit einer Hochzeit eine Art kleines Fest direkt nach der Trauung, gleich bei der Kirche oder neben dem Standesamt. Dies ist die perfekte Gelegenheit für alle Gäste, dem Brautpaar direkt nach der Trauung zu gratulieren – vor allem für jene, die nicht zum Hochzeitsessen geladen sind. Dabei ist es ratsam, auf das leibliche Wohl des Brautpaars und der Gäste zu achten, falls zwischen Trauung und Festessen ein zu langer Zeitraum liegt.

Mein Tipp

Wenn Sie Trauung und/oder Feier im Freien planen, sorgen Sie sicherheitshalber für eine Schlechtwettervariante oder zumindest für Unterstellmöglichkeit mit Zelten oder Schirmen. Man hat an kaum einem Ort der Welt die absolute Sicherheit, eine regenlose Hochzeit zu feiern.

Wo könnte die Agape stattfinden?

- ☐ Vor dem Standsamt
- ☐ Vor der Kirche oder im Nebentrakt
- ☐ In einem nahe gelegenen Lokal
- ☐ Bei der Festlocation
- ☐ Im Privathaushalt von ______________________________
- ☐ Sonstiges ______________________________

Unsere Feierlocation

Welche Feierlocation kommt infrage? Welche Kriterien sollte diese erfüllen?

GEWÜNSCHTER ORT UNSERES FESTES

- ☐ Nahe beim Wohnort (maximal ___ Kilometer entfernt)
- ☐ Zentrale Lage
- ☐ Erreichbar mit öffentlichen Verkehrsmitteln
- ☐ Gleich bei der Trauungslocation (Standesamt, Kirche)
- ☐ Im Ausland
- ☐ Sonstiges ____

ART DER FEIERLOCATION

- ☐ Schloss
- ☐ Restaurant
- ☐ Festsaal
- ☐ Eventlocation
- ☐ Outdoor
- ☐ Sonstiges ____

(LEIT)THEMA DES FESTES

- ☐ Klassisch
- ☐ Modern
- ☐ Elegant
- ☐ Ausgeflippt
- ☐ Skandinavisch
- ☐ Blumenwiese
- ☐ Stadt oder Skyline
- ☐ Rockerhochzeit
- ☐ Gartenhochzeit
- ☐ Sonstiges ____

AUSSTATTUNG & EXTRAS

- ☐ Kinderspielplatz
- ☐ Exklusiv gemietete Location
- ☐ Hotelzimmer vorhanden
- ☐ Parkplatz
- ☐ Kirche in der Nähe
- ☐ Kein Zeitlimit für die Feier
- ☐ Preisgünstig
- ☐ Behindertengerecht
- ☐ Komplettservice

- [ ] Große Tanzfläche
- [ ] Teich oder See
- [ ] Sonstiges ____
- [ ] ____

Checkliste Feierlocation

Worauf Sie bei der finalen Wahl der Location achten sollten:

- [ ] Einfache Anfahrt, Parkplätze vorhanden?
- [ ] Mit öffentlichen Verkehrsmitteln erreichbar?
- [ ] Genügend Unterkünfte vor Ort?
- [ ] Behindertengerecht und auch für ältere Menschen leicht zu erreichen?
- [ ] Spielmöglichkeiten für Kinder?
- [ ] Preiszusammensetzung: Welche Leistungen sind Extras?
- [ ] Gibt es Hochzeitspauschalen?
- [ ] Werden die Getränke nach Verbrauch oder pauschal verrechnet?
- [ ] Ist die Saaldekoration im Preis inkludiert?
- [ ] Gibt es Beispielbilder von anderen Hochzeiten?
- [ ] Welche Leistungen müssen vor Ort gebucht werden? Kann ich einen externen Caterer mitbringen?
- [ ] Gibt es eine schöne Fotokulisse für Fotos im Freien?
- [ ] Gibt es eine Sperrstunde oder können Sie diese frei vereinbaren?
- [ ] Sind der Saal und die Tanzfläche groß genug?
- [ ] Bis wann muss der Saal wieder geräumt werden? Wer demontiert die Dekoration?
- [ ] Gibt es eine Musikanlage mit Mischpult, Lautsprechern und Mikrofonen?

Tragen Sie hier mögliche Locations ein und vergleichen Sie.

PRÄFERENZ	NR. 1
Name	
Adresse	
Telefon	
E-Mail	
Website	
Ansprechpartner	
Max. Personenanzahl	
Unsere Personenanzahl	
Menüpreis/Person	
Getränkepauschale/Pers.	
Vorteile der Location	
Sperrstunde	
Raummiete	
Sonstiges	

Unsere Lieblings-locations

PRÄFERENZ	NR. 2	NR. 3
Name		
Adresse		
Telefon		
E-Mail		
Website		
Ansprechpartner		
Max. Personenanzahl		
Unsere Personenanzahl		
Menüpreis/Person		
Getränkepauschale/Pers.		
Vorteile der Location		
Sperrstunde		
Raummiete		
Sonstiges		

Mein Tipp

Sie ersparen sich viel Zeit, Mühe, E-Mails und Anrufe, wenn Sie beim ersten Rundruf oder E-Mail gleich mehrere mögliche Termine erfragen.
Dasselbe gilt für Termine am Standesamt/in der Kirche.

Beispiel Matrix mit möglichen Terminen am Standesamt und Verfügbarkeit der Locations

	MÖGLICHE TERMINE AM STANDESAMT					
VERFÜGBARE LOCATIONS	24.8.	25.8.	31.8.	1.9.	7.9.	8.9.
Crêperie	✓	✓				
Eventrestaurant Schwadorf	✓		✓	✓	✓	✓
Gartenhotel Altmannsdorf				✓ 12 Uhr		
Palais Schönburg	✓					
Schlosspark Mauerbach	✓					
Tulbinger Kogel	✓	✓	✓		✓	✓
Weingut am Reisenberg				✓ 12 Uhr		
Böck/Brunn	✓		✓		✓	
Kursalon Wien						
Laxenburg	✓		✓			
Orangerie Schönbrunn						
Schloss Katzelsdorf	✓				✓	✓
Schloss Laudon				✓		
Palais Auersperg	✓					
Schloss Wilhelminenberg						✓

Mein Tipp

Lassen Sie sich von jeder Location eine schriftliche Bestätigung der Reservierung bzw. der vereinbarten Leistung geben, die folgende Details enthält:

- Ort und Datum der Feier
- Genaue Beschreibung der Räumlichkeit(en)
- Technische Ausstattung
- Anzahl der Tische und Sesseln, die gebucht werden
- Tischwäsche und Hussen
- Anzahl des Personals
- Endreinigung
- Anfangs- und voraussichtliche Endzeit der Miete (inkl. Information, zu welchem Preis „Überstunden" abgegolten werden ...)
- Zusätzliche Leistungen wie Barkeeper, Showact etc.
- Mietmobiliar
- Ab wann kann die Location für Aufbauten, Dekoration und dergleichen genutzt werden? Ist diese Zeit im Preis inbegriffen?
- Festgesetzter/vereinbarter Preis
- Zahlungskonditionen (Anzahlung, Restzahlung ...)

Unser Platz für Ideen

Hier möchten wir feiern!

Setting & Dekoration

Sie müssen nicht gleich einen Innenarchitekten oder eine professionelle Ausstatterin buchen, um Ihre Hochzeitslocation zu dekorieren und diese Ihrem Motto anzupassen. Denn um Ihren eigenen Hochzeitslook zu entwerfen, braucht es oft nicht viel ... Fragen Sie Freundinnen und Verwandte, ob sie Ideen oder einen Fundus an Dekoartikeln haben! Unten stehend finden Sie einige Gegenstände und Denkanstöße, die Sie eventuell einbauen/brauchen werden.

Benötigte Ausstattung

- ☐ Stühle
- ☐ Tische
- ☐ Stehtische
- ☐ Loungemöbel
- ☐ Hussen
- ☐ Stuhlmascherl
- ☐ Tischwäsche
- ☐ Kindersessel und -tische
- ☐ Beleuchtung
- ☐ Zubehör für spezielle Rituale
- ☐ Beschattung
- ☐ Laternen
- ☐ Ballons
- ☐ Kerzen
- ☐ Teelichter
- ☐ Musikanlage
- ☐ DJ-Pult
- ☐ Mikrofon
- ☐ Lautsprecher
- ☐ Baldachin für den Trautisch
- ☐ Rosenbogen
- ☐ Roter Läufer/Teppich
- ☐ Tischdekoration (Blumen, Servietten und Ringe, Namenskärtchen, Tischschilder)
- ☐ Sonstiges ____
- ☐ ____
- ☐ Wann kann angeliefert werden?

So wollen wir dekorieren!

Mein Tipp

Lassen Sie sich vom Ausstatter eine schriftliche Bestätigung geben, die folgende Details enthält:

- Ort und Datum
- Genaue Auflistung und Anzahl von Dekoelementen, Mobiliar, Ausstattung
- Lieferung oder Abholung?
- Bei Lieferung: Lieferzeitpunkt (sollte auch mit der Location gegengecheckt werden)
- Wer kümmert sich um das Anbringen der Dekoration? Wird ein Dekorateur dazu gebucht?
- Bei Mietgegenständen: Anzahl und Mietzeitraum
- Festlegung, wann die Location dekoriert wird
- Festgesetzter/vereinbarter Preis
- Zahlungskonditionen (Anzahlung, Restzahlung ...)

Unser Platz für Ideen

Blumen und der Florist Ihres Vertrauens

Bei einer prachtvollen, blumengeschmückten Hochzeitslocation gerät jeder ins Schwärmen. Der Fantasie sind hierbei keine Grenzen gesetzt und so können Blumen durchaus einen modernen, stylishen Touch geben, zum Beispiel in Kombination mit Federn, Steinen, Glitter, Lampen usw.

Das Blumenkonzept sollte jedoch wirklich gut überlegt sein – manchmal ist weniger einfach mehr. Außerdem kosten Gestecke und Gebinde vom Floristen meist empfindlich mehr als eine selbst gestaltete Dekoration. Lassen Sie sich einen konkreten Kostenvoranschlag machen und seien Sie nicht schüchtern, die Ausstattung – falls Sie ob der Summe aus den Schuhen kippen – im Umfang zu reduzieren. Geben Sie lieber mehr Geld für ein qualitativ hochwertiges Catering oder ein perfekt sitzendes Kleid aus, als für Blumen, die am nächsten Tag nicht mehr benötigt werden.

Mein Tipp

Sparen Sie Geld, indem Sie nicht für jede Location extra Blumenschmuck bestellen. Findet die Feier am selben Tag wie die Trauung statt, können Blumen und Dekoration von der Zeremonie zur Partylocation mitgenommen werden.

Unsere Wunschfarben und Wunschblumen

Unsere Wunschfarben ______________________________

____

Unsere Wunschblumen ______________________________

____

Dekoelemente als Leitmotiv ______________________________

____

Mein Tipp

Fragen Sie bei Ihrer Kirche oder Feierlocation nach, ob am Tag davor/danach auch eine Hochzeit stattfindet und Sie die Kontaktdaten des Brautpaars haben können. Im besten Fall kaufen Sie die Blumendekoration gemeinsam und nutzen sie an beiden Tagen.

Unsere Blumen

BLUMEN FÜR DIE TRAUUNG

- ☐ Dekoration für den Weg zum Altar („Wedding Aisle“)
- ☐ Brautstrauß
- ☐ Kopfschmuck für die Braut
- ☐ Sträuße für Brautjungfern
- ☐ Reversanstecker für Gäste/Herren
- ☐ Haarkranz für das Blumenkind
- ☐ Blumen zum Streuen
- ☐ Rosenbogen
- ☐ Blumenschmuck Brautauto
- ☐ Dekoration Trautisch
- ☐ Blumenschmuck Kirche
- ☐ Blumenschmuck andere Trauungslocation

Unsere Lieblings-blumen

ANLIEFERUNG

- ☐ Wann? ____________________
- ☐ Von wem? ____________________

BLUMEN FÜR DIE FEIER

- ☐ Dekoration Eingang
- ☐ Dekoration für ___ Tische
- ☐ Dekoration für ___ Stühle
- ☐ Dekoration Brauttisch
- ☐ Raumdekoration
- ☐ Efeu
- ☐ Blumengirlanden
- ☐ Wurfstrauß (ja/nein)
- ☐ Sonstiges ____________________

ANLIEFERUNG

- ☐ Wann? ____________________
- ☐ Von wem? ____________________

Der Brautstrauß

Der Brautstrauß ist sicher eines der elementarsten Blumenelemente einer Hochzeit, egal, wie er ausfällt. Man geht davon aus, dass Frauen sich schon immer mit Blumen geschmückt haben. In religiösen Ritualen stimmte man damit die Götter gnädig. Früher trug die Braut Kränze oder zu Ketten gebundene Blumen. Die ersten typischen Brautsträuße werden dem 16. Jahrhundert zugeordnet. Damals galt: je duftender, desto besser, damit die Braut in der stickigen Kirche nicht in Ohnmacht fiel. Deshalb wurden zwischen den Blumen belebende Kräuter eingearbeitet. Insbesondere Rosmarin und Myrte galten über Jahrhunderte hinweg als typische Hochzeitspflanzen. Myrte ist Sinnbild für die Liebesgöttin Venus und damit ein Zeichen der Liebe.
Die farbenfrohe Pracht der Blumen sollte das symbolisieren, was das Leben dem Paar in Zukunft schenken möge: Nachkommen, Glück und Wohlstand. Die wichtigste Farbe ist seit jeher Rot, da sie mit Liebe und Geborgenheit in Verbindung steht.

Heute hängt die Farbe Ihres Brautstraußes vorrangig vom Gesamtlook der Hochzeit ab, den Sie schon vorab erarbeitet haben. Bei der Straußform gibt es verschiedene Möglichkeiten. Bestellen Sie Ihren Brautstrauß in jedem Fall erst, wenn Sie Form und Farbe Ihres Brautkleids kennen. Manche Straußformen können je nach Schnitt zu klein oder zu groß wirken.

Mein Tipp

Lassen Sie sich vom Floristen eine schriftliche Bestätigung geben, die folgende Details enthält:

- Ort und Datum der Hochzeit
- Genaue Auflistung und Anzahl der Blumenarrangements
- Wie sieht der Brautstrauß aus?
- Anzahl der Ansteckblumen für die Herren und Brautjungfern
- Lieferung oder Abholung
- Bei Lieferung: Lieferzeitpunkt (sollte mit der Location gegengecheckt werden)
- Wer kümmert sich um das Anbringen der Blumendekoration? Wird ein Dekorateur dazu gebucht?
- Wenn vom Floristen selbst dekoriert werden soll: (Ab) Wann kann dekoriert werden?
- Bei Mietgegenständen: Dauer des Mietzeitraums
- Festgesetzter/vereinbarter Preis
- Zahlungskonditionen (Anzahlung, Restzahlung ...)

Mein Wunsch-strauß

Unser Platz für Ideen

So soll mein Brautstrauß aussehen!

Dekoration

Meist lässt sich eine Location mit Dekorationsideen leicht verändern und Ihrem Hochzeitsmotto anpassen. Blättern Sie in Zeitschriften, tragen Sie Material zusammen, das Ihnen gefällt und sich leicht verarbeiten bzw. anbringen lässt. Falls Sie selbst keine zündenden Ideen haben, fragen Sie in Ihrem Bekanntenkreis herum. Vielleicht haben Sie eine Freundin, die ein Auge für Dekorationen hat.

Oftmals ist bei der Dekoration weniger mehr. Sie müssen keine vor Blumen überquellenden Keramikschalen auf den Tischen drapieren oder haufenweise Figuren aufstellen. Elegante, zeitlose Wasserschalen mit schwimmenden Blüten und Teelichtern, gepaart mit Servietten in der Farbe der Hochzeit, dazu hübsche Menü- und Namenskarten sind oft schon ein schöner Hingucker. Hüten Sie sich vor hohen Gebinden, welche die Sicht auf das Gegenüber verhindern.

Meist bietet das Restaurant, die Location oder der Caterer weiße Tischwäsche an, die prinzipiell schon sehr festlich wirkt. Erfahrene Locations haben oft Dekorationen in petto und bieten diese an. Fragen Sie einfach nach, welche Utensilien vorhanden sind.

Vorsicht ist aber geboten, falls die Location anbietet, den Blumenschmuck für Sie zu bestellen. Um böse (Geschmacks)Überraschungen zu vermeiden, klären Sie vorab konkret ab, welche Farben, Blumensorten und Stile hier zugekauft werden.

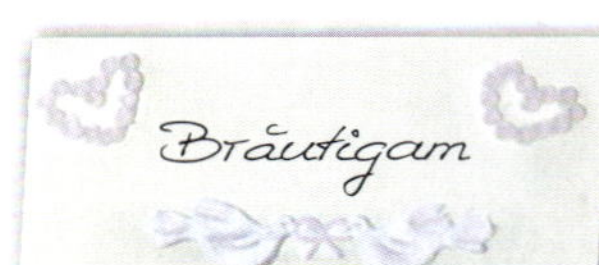

Dekoration für die Feier

- [ ] Kerzen
- [ ] Teelichter
- [ ] Glassteine
- [ ] Federn
- [ ] Vasen
- [ ] Figuren
- [ ] Halterungen für Tischnummern/Namen (zum Beispiel Bilderrahmen)
- [ ] Sonstiges____

Mein Tipp

Achtung: Verzetteln Sie sich nicht! Es ist Ihre Hochzeit, aber mit zu vielen rosaroten Luftballons könnte die Feier die Anmut eines Kindergeburtstages bekommen ...

Unser Platz für Ideen

Mix
& match:
Weniger ist
mehr!

Catering & Getränke

Ist die Trauung vollzogen, das Brautpaar beglückwünscht und der erste Stress verflogen, freuen sich alle auf das Festessen. Doch auch dieses mag wohlgeplant sein, vor allem bei größeren Gesellschaften, denn ab circa 30 Personen ist es unumgänglich, ein Menü oder Buffet vorzubestellen. So, aber dann: Haute-Cuisine-Menü à la „Frühstück bei Tiffany" oder deftiges Hochzeitsbuffet mit maximaler Auswahl? Nicht nur inhaltliche, auch organisatorische Überlegungen spielen hier eine Rolle. Klären Sie zuerst, ob die einzelnen Locations das Catering selbst anbieten bzw. ob Sie dieses dort zwingend mitbestellen müssen. Wenn nicht, könnte es sich budgetmäßig positiv auswirken, einen eigenen externen Caterer zu beauftragen. Holen Sie in diesem Fall verschiedene Kostenvoranschläge ein.

Mein Tipp

Als perfekter Gastgeber achten Sie auf etwaige Allergiker oder Vegetarier/Veganer unter Ihren Gästen. Immerhin soll jeder Gast ein tolles Hochzeitsessen erleben und nicht vor vollen Tellern hungern müssen, weil es kein glutenfreies Menü gibt ...

Serviertes Menü oder Buffet?

Das ist im doppelten Sinne eine Geschmacksfrage: Bei einem Buffet müssen Sie damit rechnen, dass über weite Strecken Unruhe herrscht, da Ihre Gäste wahrscheinlich mehrmals aufstehen und sich bedienen werden. Andererseits kann dies auch gewünscht sein, vor allem wenn sich die Gäste mischen und ungezwungen ins Gespräch kommen sollen, was beim Anstehen am Buffet leicht der Fall ist. Ein Buffet wirkt lockerer – falls Sie aber einen sehr eleganten Rahmen wünschen, passt dies natürlich weniger gut. In diesem Fall empfehle ich ein serviertes Menü und eventuell zum Schluss ein Dessertbuffet oder einen Schokobrunnen, an dem sich die Gäste bedienen.
Wenn Sie mehr als 60 Gäste erwarten, empfehle ich ebenfalls ein serviertes Menü, da sonst zu viele Menschen zu lange am Buffet anstehen. Möchten Sie trotzdem gerne eines anbieten, sollte es auf jeden Fall zwei Buffettische mit denselben Speisen geben. Achten Sie bei der servierten Variante schließlich unbedingt darauf, dass genügend Personal eingeplant wird.

Mein Tipp

Falls Sie Ihren eigenen Lieblingswein ausschenken wollen, ist dies meist gegen das Bezahlen von „Stoppelgeld" möglich. Rechnen Sie aber vorab gut nach, ob sich der Aufwand lohnt ...

Checkliste Catering

Definieren Sie zunächst, was Sie benötigen:

Zahl der Gäste _____ Personen

Vegetarier _____ Personen

Veganer _____ Personen

Allergiker _____ Personen

Kindermenü _____ Personen

Vermeiden (z. B. Schweinefleisch) ______________________________

WIR BENÖTIGEN FOLGENDES CATERING

- [ ] Agape
- [ ] Sektempfang
- [ ] Mittagessen
- [ ] Jause
- [ ] Dinner
- [ ] Mitternachtssnack
- [ ] Torte

CATERING FÜR DIE AGAPE

- [ ] Canapées
- [ ] Fingerfood
- [ ] Häppchen auf Tellern
- [ ] Suppe
- [ ] Spezielle Leckereien, passend zum Motto der Hochzeit (z. B. türkisches Baklava)
- [ ] Sonstiges ______________________________

GETRÄNKE

- [ ] Wein
- [ ] Bier
- [ ] Wasser
- [ ] Antialkoholische Getränke
- [ ] Cocktails
- [ ] Sonstiges ______________________________

ANBIETER

- [ ] Externer Caterer
- [ ] Ansässiges Restaurant oder Café
- [ ] Selbst mitgebrachte Speisen
- [ ] Privater Anbieter
- [ ] Sonstiges ______________________________

CATERING HOCHZEITSESSEN

ART DES CATERINGS

- Buffet
- Serviertes Menü
- Gemischtes Angebot

THEMA

- International
- Österreichisch
- Gourmetküche
- Asiatisch
- Rustikal
- Italienisch
- Sonstiges ____

BESTANDTEILE

- Hors d'œuvre
- Kalte Vorspeise
- Suppe
- Zwischengang
- Sorbet
- Hauptgang
- Käse
- Dessert
- Schokobrunnen
- Kaffee und Tee
- Hochzeitstorte

GETRÄNKE

- Offene Bar
- Aperitiv
- Wein und Bier
- Eigener Wein (Achtung: Stoppelgeld!)
- Sekt
- Antialkoholische Getränke
- Frisch gepresste Säfte
- Schnäpse und Spirituosen
- Keine Schnäpse und Spirituosen
- Cocktails
- Diese Cocktails/Spirituosen wünsche ich mir auf meiner Hochzeit:

____

- Sonstiges ____

VERRECHNUNG

- Nach Pauschale
- Nach Verbrauch

Der schönste Tag des Lebens im

SCHLOSSPARK LAXENBURG

In jedem Fall erwartet Sie:

Ein unvergessliches Ereignis im historischen Schlosspark, am romantischen Schlossteich, bei einem der einzigartigen Parkgebäude oder im Schatten der idyllischen Franzensburg.

Der 280 Hektar große Schlosspark Laxenburg, in welchem schon Kaiser Franz Joseph und seine Gemahlin, die legendäre Kaiserin Elisabeth – Sisi –, die Flitterwochen verbracht haben, lässt an Charme und Romantik keine Wünsche offen.

Gerne informieren wir Sie über unser Angebot, aber auch über festliche Räumlichkeiten in Laxenburg und über die Gastronomiebetriebe im Ort.

Wir freuen uns auf Ihre persönliche Anfrage!

Fotos: Gerhard Faktor, Norman Schätz

www.schloss-laxenburg.at · office@schloss-laxenburg.at · Tel: 02236/71226

Schloss Laxenburg

Mein Tipp

Wenn Sie Caterer oder Restaurant nicht kennen, vereinbaren Sie vor der Fixzusage ein Probeessen, bei dem Sie sich von der Qualität der Speisen überzeugen können. Dasselbe gilt natürlich für die Hochzeitstorte.

Beispiel Vergleich der Verrechnung der Getränke nach Verbrauch vs. Pauschale für 6 Stunden

LEISTUNG	Verrechnung nach Verbrauch (ganzer Abend)		Verrechnung pauschal (meist für 6 Stunden)	
	Grundpreis	Preis bei 75 Personen (je 3 Gläser, 1 Portion Gebäck/ Kaffee; 6 Stunden)	Preis bei 75 Personen (je 3 Gläser, 1 Portion Gebäck/ Kaffee; 6 Stunden)	Preis bei 75 Personen (je 3 Gläser, 1 Portion Gebäck/ Kaffee; 6 Stunden)
Empfang: Prosecco	5,–/Glas	1.125,–	20,–	1.500,–
Empfang: Gebäck	5,–/Portion	375,–		
Bier	3,–/Glas	675,–	29,–	2.175,–
Wein	12,–/Flasche	900,–		
Mineralwasser	5,–/Liter	281,25		
Orangen-, Apfelsaft	5,–/Liter	281,25		
Coca-Cola (Light)	5,–/Liter	281,25		
Kaffee, Espresso	1,80/Portion	135,–		
		€ 4.053,75		**€ 3.675,–**

Mein Tipp

Bei der Berechnung der Getränke und des Mitternachtsnacks können Sie in den meisten Fällen davon ausgehen, dass nach 24 Uhr weniger Gäste beim Fest sein werden, denn Personen mit Kindern sowie ältere Personen verlassen die Feier meist früher.

Die Hochzeitstorte

Das Anschneiden der Torte darf auf keiner Hochzeit fehlen und ist ein schöner Höhepunkt jeder Feier. Bereits im antiken Rom gab es einen Hochzeitskuchen. Die heute übliche Hochzeitstorte entstand aber erst im 19. Jahrhundert, vermutlich in Großbritannien, wo die dreistöckige Torte durch die Hochzeit einer Tochter von Königin Viktoria im Jahr 1859 populär wurde. Bis heute wird die Hochzeitstorte in England üblicherweise mit einer harten Schicht aus Zuckerguss überzogen, die „Royal Icing" genannt wird.
Die Wahl der Torte ist für Sie wahrscheinlich so individuell wie die Wahl des Brautkleids. Es gibt viele wundervolle Varianten, es muss also nicht mehr die standardisierte dreistöckige Torte mit Zuckerguss sein. Nehmen Sie sich Zeit, blättern Sie Magazine durch, sammeln Sie Ideen und kosten Sie sich durch, bis Sie Ihre perfekte Hochzeitstorte gefunden haben.
Einziger Wermutstropfen: Hochzeitstorten sind meist sehr teuer, weil natürlich viele Zutaten und große Mühe, Liebe und viel Zeit in solch einem Kunstwerk stecken. Es muss aber nicht immer eine herkömmliche Torte sein. Viele kleine Törtchen oder verzierte Muffins sehen schön arrangiert toll aus. Die Verzierung können Sie – passend zum Hochzeitsmotto – auch selbst machen.

Mein Tipp

Falls Sie keine 300, 500, 800 oder gar 1000 Euro für Ihre Hochzeitstorte ausgeben wollen, überlegen Sie, ob es im Freundes- oder Bekanntenkreis eine passionierte „Bäckerin" gibt. Fragen Sie, ob Sie sich solch eine Torte als Hochzeitsgeschenk wünschen dürfen. Andere Freunde und Verwandte könnten sich finanziell oder vielleicht sogar tatkräftig am Geschenk beteiligen.
Günstiger wird es auch, wenn Sie einzelne Torten in verschiedenen Größen bestellen. Diese platzieren Sie auf einer „Tortenstiege" (erhältlich im Internet). Um den Eindruck „einer" Torte zu erwecken, kleben Sie einfach ein Band in Ihrer Hochzeitsfarbe mit Zuckerglasur oder Ähnlichem um jede Torte. Oder Sie bringen ein schmales Blumengeflecht an, das sich über die Torten „rankt". So entsteht ein einheitliches Gesamtbild.

Der Anschnitt

Wann ist der beste Zeitpunkt, um die Hochzeitstorte anzuschneiden? Wann immer es Ihnen ins Programm passt, denn „den" besten Zeitpunkt gibt es nicht! Die meisten Brautpaare schneiden die Torte nach dem Hochzeitsessen an, allerdings gibt es zuvor meist schon ein Dessert und die Gäste haben eigentlich keinen großen Appetit mehr.
Wie wäre es, wenn Sie die Torte zur Agape servieren? Zwischen Trauung und Festessen entsteht meist ein zeitliches Loch, in dem sich bei vielen der kleine Hunger meldet. Statt Häppchen und Brötchen am Nachmittag bietet sich dann das Anschneiden der Torte bestens an.
Übrigens: Beim Anschnitt der Torte wird genau darauf geachtet, wer die Hand oben hat! Die Mähr macht Runde, dass der Ehepartner, der die Hand oben hat, das Sagen in der Ehe haben soll …

Unsere Torte

Personenzahl

Art/Stil

Form

Farben

Geschmack

Überzug

Dekoration

Mein Tipp

Lassen Sie sich vom Tortenproduzenten eine schriftliche Bestätigung geben, die folgende Details enthält:

- Ort und Datum der Fertigstellung der Torte
- Anzahl der zu erzielenden Tortenstücke (oder Anzahl der Muffins)
- Aufzählung der Geschmacksrichtungen (zum Beispiel Schokotorte, Obsttorte)
- Farben, Dekoration, Beschriftungen (im genauen Wortlaut), Tortenfigur
- Bei Lieferung: genauen Termin (Datum, Uhrzeit), damit die Torte vor Ort eingekühlt werden kann und die Location Platz im Kühlschrank hat
- Details über die Präsentation der Torte (auf Etagere oder Ständer)
- Festgesetzter/vereinbarter Preis
- Zahlungskonditionen

Noch ein Tipp

Falls Sie eine Stocktorte haben, beginnen Sie beim Anschneiden mit der obersten Schicht, sonst fällt das Kunstwerk in sich zusammen.

Unser Platz für Ideen

Unsere Traumtorte: Obst oder Schoko?

Brautkleid & Co.

It's all about the dress ...

... für viele Bräute jedenfalls. Und das nicht ohne Grund, war doch das Brautkleid seit jeher Zeichen für das „Erwachsenwerden“ einer Frau. Die traditionelle Farbe für Brautkleider in Europa und der westlichen Welt ist Weiß, da diese für Reinheit und somit sexuelle Unberührtheit steht. Wenn Sie alte Hochzeitsfotos ansehen, werden Sie aber überraschend viele Bräute in dunklen Kleidern finden. Bräute der Mittel- und Unterschicht heirateten bis Anfang des 20. Jahrhunderts im Sonntagsstaat, das heißt in ihrem besten Kleid, das entweder schwarz war oder der jeweiligen Regionaltracht entsprach. Erst ab den 1920er-Jahren fasste das weiße Brautkleid allgemein Fuß. Schwangere Frauen allerdings mussten bis weit ins 20. Jahrhundert hinein in vielen Gegenden in Schwarz vor den Traualtar treten.

Den ursprünglichen Anstoß für helle Farben schreibt man dem Adel zu: Maria de Medici, die sich im Jahr 1600 mit Heinrich IV. vermählte, trug als eine der ersten Bräute ein eierschalenfarbenes, mit goldenen Ornamenten besticktes Seidenkleid. Es wird behauptet, dass mit diesem Hochzeitskleid der Wechsel im höfischen Modegeschmack stattfand. Prinzessin Sisi etwa gab am 24. April 1854 Kaiser Franz Joseph ihr Jawort in einem üppigen Traum in Weiß. Und auch andere Kleider von Angehörigen berühmter Königshäuser gingen in die Annalen der Hochzeitscouture ein und setzten Maßstäbe.

Wie finde ich das perfekte Kleid?

Egal, ob Sie nun seit Kindertagen von dem einen Kleid träumen oder sich bisher noch keine Gedanken darüber gemacht haben, eines steht fest: Sie müssen irgendwas anziehen und Sie sollten sich maximal gut darin fühlen, maximal Sie selbst sein und Freude an Ihrem Brautkleid haben. Dasselbe gilt natürlich auch für die Herren ...

Sicher haben Sie schon begonnen, Brautmagazine nach dem Kleid zu durchforsten, oder Sie haben sich vielleicht schon in einem Geschäft umgesehen. Wenn Sie erst am Beginn der Suche stehen, empfehle ich Ihnen vorab, sich nicht zu viele „gut gemeinte Ratschläge“ geben zu lassen. Denn je mehr Personen Sie fragen, desto unterschiedlichere Inputs werden Sie erhalten.

Mein Tipp

Probieren Sie auch Kleider, die Sie ursprünglich nicht in Erwägung gezogen hätten. Wer weiß, vielleicht haben Sie ein schönes Aha-Erlebnis ... Und falls Sie sich mit der Wahl des Brautkleids total überfordert fühlen, können Sie eine Farb- und Stilberaterin hinzuziehen.

Falls Sie keine Vorstellung von Ihrem Traumkleid haben, beginnen Sie Ihre Überlegungen mit dem Motto der Hochzeit. Wenn diese den klassischen Rahmen sprengt und Sie mit Ihrem Ehemann nach der Hochzeit zum Beispiel einen Heißluftballon besteigen, wird ein opulentes Brautkleid mit zig Lagen Tüll wohl die falsche Wahl sein. Und das süße Minikleid, das Sie im letzten Urlaub in weiser Vorausschau am Strand von Miami gekauft haben, passt vielleicht auch nicht so ganz in den Stephansdom ...
Die Verkäuferinnen des Brautmodengeschäfts werden Ihnen jedenfalls mit Rat und Tat zur Seite stehen. Aber Achtung: Die beste Freundin ist meist ehrlicher und kennt Sie und Ihre Vorlieben besser als jede Verkäuferin. Gehen Sie also in Begleitung Brautkleid kaufen!
Grundsätzlich sollte das Kleid natürlich zu Ihrem Stil und Ihrem Typ passen, besonders bei der Farbgebung – denn Weiß ist nicht gleich Weiß.

Es gibt strahlendes Weiß, Elfenbein, Creme, Champagner oder Ecru. Nehmen Sie sich daher Zeit und Muße, das richtige Kleid zu finden, denn im besten Fall werden Sie nur einmal im Leben ein Brautkleid tragen.
Der Kauf des Brautkleids stellt für die Braut meist den Höhepunkt vor der Hochzeit dar. Ja, meine Herren, ich weiß, das mag für Sie schlichtweg unvorstellbar sein ... aber so ist es! Deshalb hat der Ehemann in spe beim Brautkleidkauf nichts verloren. Er ist eine Zeremonie, die nicht durch männliche Wortspenden wie „Na sind eh alle schön“ oder „Schatz, dir passt alles“ kommentiert werden sollte. Auch bei Vätern ist das so eine Sache ... Sie wollen an Ihrem Hochzeitstag natürlich Ihrem Papa gefallen, aber hat er dieselben Gedanken zum Look Ihres Kleides wie Sie? Oder würde er die Augen verdrehen, wenn Sie in Ihrem Traumkleid aus der Kabine treten und er nur den zu tief geratenen Ausschnitt sieht?

einem Neckholder (sehr sexy und figurfreundlich) oder einem eingesetzten hauchfeinen Spitzenoberteil, unter dem der BH-Träger optisch verschwindet? Tragen Sie kein trägerloses Kleid, nur weil Sie sich das immer gewünscht haben. Glauben Sie mir, Sie werden sich den Rest Ihres Lebens fragen, warum Sie keine (formschönen) Träger hatten und stattdessen ständig Ihren Ausschnitt hochziehen mussten, das Kleid dadurch nie richtig saß und Sie auf den (gestellten) Fotos verzwickt in die Kamera schauen.

Doch auch bei Kleidern mit Trägern ist Vorsicht geboten: So Sie nicht die elfenhafte Figur einer Balletttänzerin besitzen (und das bitte nicht falsch verstehen), wählen Sie nie die Option Spaghettiträger. Setzen Sie stattdessen auf selbstklebende Kleiderränder, Neckholder (mein Favorit), breite Träger, einen Querträger oder Ähnliches. Die Proportionen eines Kleides mit Spaghettiträgern passen fast niemandem!

Nein, dieses Erlebnis wollen Sie nicht haben. Ich empfehle daher, maximal Ihren ehrlichen besten Freund oder Ihren Ihnen wohlgesonnenen Bruder mitzunehmen. Denn es ist Ihre Hochzeit, Ihr Tag, Ihr Traumkleid. Sie sollen zu diesem Anlass prinzipiell tragen, was Sie wünschen.

Vorteilhafte Kleidermodelle & Extras

Natürlich wollen Sie auf den Hochzeitsfotos nicht negativ auffallen, weil Sie dank der Schlichtheit Ihres Kleides der Kellnerin zum Verwechseln ähnlich sehen, und ein Kleid tragen, das in Stil, Farbe und Form zu Ihnen passt. Aber man kann praktisch jedes Kleid zu einem einzigartigen Stück machen. Ein Beispiel: Sie wünschen sich ein trägerloses Bandana-Kleid, haben aber eine große Oberweite, sodass Sie nie ein Kleid ohne (BH-) Träger anziehen könnten. Nun, wie wäre es mit

Vorteilhafte Details

Neckholder

Trägerlösung

Üppiges Dekolleté

Kurzer Schleier

Verdeckte BH-Träger

Breite Hüften

Mein Tipp

Sollten Sie vorhaben, für Ihr Brautkleid noch abzunehmen, sich in Form shapen zu lassen oder Ähnliches, empfehle ich Ihnen, ein geschnürtes Kleid zu bestellen. Sollte Ihre Figur letztlich doch nicht die gewünschte Form erreicht haben, kann man mit den Bändchen toll justieren und das Kleid wird dennoch perfekt sitzen.

Vorteilhafte Schnitte für verschiedene Figuren:

- **A-Form oder Birnenform** (schmale Schultern, weibliche Hüften): Betonen Sie Ihr Dekolleté und verbergen Sie ausgeprägte Hüften durch einen weiteren Rock.
- **X-Form oder Sanduhr** (Oberkörper und Hüften sind kurvig, schmale Taille): Für diese Figuren eignen sich perfekt die sogenannten Mermaid-Kleider (Fischschwanz), aber auch Korsagenkleider. Als Accessoire können Sie eine bunte Schleife oder einen Strassgürtel um die Taille nehmen.
- **O-Form oder Apfeltyp** (üppige Körpermitte mit viel Busen, wenig Taille, weibliche Hüfte): Betonen Sie das Dekolleté und wählen Sie einen Herzausschnitt. Falls Sie Träger benötigen, wählen Sie niemals Spaghettiträger, sondern vielmehr Neckholder oder breitere Träger. Sie können auch Empirekleider tragen, die eine Taillennaht unter der Brust und einen fließenden Rock haben.
- **V-Form** (breite Schultern oder üppiges Dekolleté): Als Ausgleich eignen sich ausgestellte Rockformen oder kurze Kleider. Wählen Sie keine Träger, die am Rücken ein X formen, das unterstreicht den breiten Rücken nur noch mehr.
- **XXS-Form:** Kleine, zierliche Frauen mit Rundungen tragen am besten einteilige Roben oder enge, lange Kleider mit tiefen Dekolletés, welche die Figur optisch strecken.
- **Plus-Size-Damen** können zu schlichten Kleidern mit interessantem Dekolleté greifen, ebenso zu ausgestellten, hier aber bitte Rüschen und Applikationen weglassen. Der Rock sollte niemals mit einer geraden, quer verlaufenden Naht am Oberteil angenäht, sondern wie ein V eingesetzt sein, das streckt die Figur. Am schönsten ist ein verlaufender Schnitt, der keinen extra Rockteil hat. Vorzugsweise hat das Kleid Ärmelchen.

Brautkleid mit Ärmeln

Vielen Damen gefallen ihre Oberarme nicht und sie wünschen sich daher ein Kleid mit Ärmeln. Das ist durchaus nachvollziehbar, achten Sie aber bitte auf ein paar Details:

- **Kurze Ärmel** können das Kleid und somit Ihre Figur unproportioniert aussehen lassen, besonders wenn sie zu lange oder zu kurz sind.
- **Dreiviertelärmel** lassen den sichtbaren Teil des Armes und die Hand oft sehr klobig wirken, sind also eher unvorteilhaft.
- Ich empfehle Ärmel, die mindestens ein **Drittel des Oberarmes** abdecken, aber maximal bis zum Ellenbogen reichen.

- Eine schöne **Alternative** sind Kleider, die geformte Träger haben, auf denen die Ärmel nur angesetzt sind – oder sogar nur ein Stück Spitze oder Chiffon, das wie „Flügerl" seitlich am Kleid angenäht ist. In jedem Fall sind hier die Schultern frei und das Kleid wirkt viel luftiger und außergewöhnlicher.
- Manchmal reicht eine **Stola** oder ein **Chiffonschal,** um die Oberarme abzudecken. Legen Sie diesen um Ihre Schultern oder Oberarme, ziehen Sie ihn unter Ihren Achseln nach hinten durch und befestigen Sie den Schal mit einer Brosche hinten an der Kleidmitte, damit die Enden nicht nach vorne fallen. Ist der Schal lang genug, können Sie ihn auch einfach am Rücken verknoten.

Schleppe oder nicht Schleppe?

Das ist manchmal ebenso eine Gewissensfrage wie jene nach dem Schleier. Träumt eine Braut von einer Märchenhochzeit in der Kirche, ist meist der Wunsch nach einer Schleppe inkludiert. Aber keine Angst, Sie müssen nicht den ganzen Tag und Abend das mitunter meterlange Ding hinter sich her„schleppen". Meist näht der Designer einen Haken an die Rückseite des Kleides, sodass die Schleppe beim Tanz einfach hinaufgesteckt werden kann. Bei opulenteren Kleidern werden die Schleppen oft extra gefertigt, sodass man sie abnehmen und sich problemlos zu Tisch setzen kann.

Mein Traumkleid

DIE FORM MEINES BRAUTKLEIDS

- ☐ A-Linie
- ☐ Kurzes Kleid
- ☐ Duchesse (Prinzessinnenkleid)
- ☐ Godet (Trumpet)
- ☐ Empirestil
- ☐ Mermaid (Fischschwanz)
- ☐ Schmaler Schnitt
- ☐ Zweiteiler
- ☐ Etuikleid
- ☐ Fließender Schnitt

MEIN WUNSCHMATERIAL

- ☐ Chiffon
- ☐ Seide
- ☐ Wildseide
- ☐ Taft
- ☐ Baumwolle
- ☐ Tüll
- ☐ Kreppstoff
- ☐ Spitze
- ☐ Tüll

DETAILS

- ☐ Spitze
- ☐ Glitzer & Glamour
- ☐ Schleppe
- ☐ Ärmel lang
- ☐ Ärmel kurz
- ☐ Corsage
- ☐ Perlenbestickung
- ☐ Paillettenbestickung

AUSSCHNITT & TRÄGER

- ☐ KV-Ausschnitt
- ☐ U-Boot-Ausschnitt
- ☐ Rundausschnitt
- ☐ Herzform
- ☐ Neckholder

- Breite Träger
- Spaghettiträger
- Asymmetrischer Ausschnitt
- Carmen-Ausschnitt (schulterfrei)
- Hochgeschlossen

Platz für Ideen

Mein Tipp

Bevor Sie sich nun ins Vergnügen der Brautkleidsuche werfen, hier meine wichtigsten Tipps:

- Beginnen Sie rechtzeitig mit der Suche nach dem Traumkleid. In vielen Geschäften dauert es bis zu vier Monate, bis die Anfertigung geliefert wird.
- Nehmen Sie eine Freundin oder Vertraute mit zum Probieren.
- Das Kleid sollte Ihrem Typ entsprechen und Ihnen größenmäßig passen. So werden Sie sich den ganzen Tag darin wohlfühlen.
- Das Kleid sollte alle Highlights des Tages mitmachen können.
- Sehen Sie sich in mehreren Geschäften um und vergleichen Sie die Angebote.
- Probieren Sie das Kleid zwei Wochen vor der Hochzeit nochmals an, sodass Sie noch genügend Zeit für etwaige Änderungen haben.
- Accessoires wie Schleier, Schmuck und Handschuhe sollten das Outfit nicht zu sehr überladen.

Unterwäsche

Ein heikles Thema ist oft die Wahl der Unterwäsche. Ja, Sie wollen sich an Ihrem großen Tag weiblich fühlen und in Ihrer Hochzeitsnacht sexy aussehen ... aber bitte, um Himmels willen, ziehen Sie keinen Stringtanga an, wenn Sie diesen nicht gewohnt sind. Sie werden es bitter bereuen.
Sie müssen sich auch nicht in ein enges Mieder zwängen, nur weil Sie die letzten zwei Kilos noch nicht abgenommen haben. Sie wollen doch sitzen, tanzen, lachen können! Aber wenn Sie eine Miederhose oder eine Corsage zusammenschnürt, kann es sein, dass Ihnen das Lachen vergeht und Sie nur noch einen verzweifelten Blick für Ihren Ehemann übrig haben ...
Einfacher geht's mit diesen Tricks:

- Tragen Sie **nahtlose Formwäsche.**
- Oft reicht aber schon ein **Slip in einem angenehmen Schnitt,** der mit einer weichen Spitzenborte statt einem Gummiband abschließt.
- Engt die Strumpfhose am Bund ein, dann schneiden Sie den oberen Rand an beiden Seiten ein Stück auf oder tragen Sie am besten **halterlose Strümpfe.**
- Wählen Sie anstatt einer engen Corsage einen **Balconette-BH,** der die nötige Stütze gibt.

Handschuhe

Mit Handschuhen verhält es sich meines Erachtens ähnlich wie mit Spaghettiträgern. Diese „beschneiden" (besonders bei größeren Größen) die Körperproportion, worunter die gesamte Optik leiden kann. Bei aufwendig gearbeiteten Kleidern oder solchen mit schönen Stickereien rate ich ebenfalls von Handschuhen ab, denn diese können vom Kleid ablenken – was schade wäre!

Bedenken Sie bei Handschuhen auch diese praktischen Aspekte: Wenn Sie solche mit Fingern tragen, müssen Sie die Handschuhe beim Ringwechsel ausziehen. Gerade bei Langarmhandschuhen kann das wirklich mühsam sein, denn Sie müssen den gesamten Handschuh vom Oberarm hinunterrollen. Und am Hochzeitsfoto sieht man Ihren Ehering gar nicht, wenn Sie den Handschuh anhaben. Eine gute Alternative sind hier Handschuhe, die nur mit einer Schlaufe am Mittelfinger befestigt werden. Dadurch bleibt der Ringfinger frei.
Wenn Sie Handschuhe tragen möchten, um Körperstellen abzudecken (etwa Tattoos), rate ich eher zu Kleidern mit Ärmeln oder der Wickelstola-Variante (siehe Seite 77).

Der Brautschleier

Ursprünglich stand der Brautschleier für die Jungfräulichkeit der Braut. Ab Mitternacht war diese keine Braut mehr, sondern eine Ehefrau, und der Schleier wurde abgenommen. Dieser Brauch existiert noch heute. Um Mitternacht wird zum Beispiel ein Schleiertanz veranstaltet: Die Braut tanzt alleine und alle unverheirateten Frauen versuchen, ein Stück des Schleiers abzureißen. Wer das größte Stück erwischt hat, soll die nächste Braut sein.

Heutzutage ist die Form des Schleiers mannigfaltig: Die einen wählen einen bodenlangen Schleier, der (zum Beispiel in der Kirche) einen dramatischen Eindruck vermittelt. Andere Bräute tragen einen mittellangen Schleier, der entweder das Gesicht verdeckt oder gleich weiter hinten an der Frisur angesteckt wird und gar nicht ins Gesicht fällt. Manch moderne Braut greift schließlich zu einem hippen Fascinator oder einem Kopfgesteck aus Federn und Tüll.

Aber Achtung: Nicht jede Schleierform harmoniert mit jedem Kleiderstil. Zu einem schmalen Kleid sieht ein dramatischer bodenlanger Schleier wunderbar aus, zum üppigen Prinzessinnenkleid hingegen könnte er zu voluminös und unförmig wirken. Prinzipiell können Sie von dieser Regel ausgehen: Je kürzer das Kleid, desto kürzer sollte der Schleier sein. In jedem Fall sollten Kleid und Schleider jedoch denselben Farbton haben.

Mein Tipp

Probieren Sie den Schleier immer in Kombination mit dem Brautkleid. So sehen Sie am besten, ob beides zusammenpasst!

Der Brautschuh

Früher war es Brauch, dass die Braut ihre Schuhe von gesparten Pfennigen bezahlte. Heute wird dieser Brauch mit Euro-Cents fortgeführt. Dadurch soll die Sparsamkeit der Braut symbolisiert werden. Manchmal wird der Brautschuh auf der Hochzeit auch „entwendet" und anschließend unter den Hochzeitsgästen symbolisch versteigert. Dabei legen die Gäste ihre Gebote in den Brautschuh. Zum Schluss ersteigert der Bräutigam den Schuh samt den bis dahin eingeworfenen Beträgen. Das Geld bleibt beim Brautpaar, der Bräutigam gibt den Schuh an seine Braut zurück.
Achten Sie beim Kauf des Brautschuhs auf die Farbe: Wie schon bei den Kleidern erwähnt, ist Weiß nicht gleich Weiß. Vielleicht wollen Sie aber einen modernen Akzent setzen und wählen eine Kontrastfarbe wie Rot, Blau oder am besten die Mottofarbe Ihrer Hochzeit ...
Bei der Höhe des Schuhs müssen Sie selbst wissen, wie lange Sie es auf High Heels aushalten und ob Sie Ihren Ehemann in spe größenmäßig überragen werden. Wichtig ist die Absatzhöhe jedenfalls beim Abmessen des Brautkleids! Sie werden den Schuh wahrscheinlich den ganzen Tag tragen, ich empfehle Ihnen daher, einen Peep-Toe-Schuh zu wählen, der vorne ein wenig offen ist. So bekommt Ihr Fuß ein wenig Freiheit. Sandalen sind nicht zu empfehlen, denn die Riemchen werden Sie nach ein paar Stunden, wenn der Fuß angeschwollen ist, einschnüren.
Die gut vorbereitete Braut hat auch ein paar flache weiße Schuhe dabei – oder besser noch elegante Flip-Flops in Weiß. Die meisten Brautkleider reichen bis zum Boden, sodass niemand merken wird, dass Sie zu vorgerückter Stunde auf flache Schuhe umgestiegen sind.
Um Blasen zu vermeiden, sollten Sie die Schuhe unbedingt vor der Hochzeit einlaufen. Nichts ist schlimmer als ein Schuh, der drückt und schmerzt.

Mein Tipp

Wodka hilft! Nein, den sollen Sie natürlich nicht vorbeugend gegen die Schmerzen trinken ... Alkohol weicht das Leder auf! Wenn Ihr Schuh zu eng ist, nehmen Sie einen dünnen Baumwollstrumpf, tränken Sie ihn in Wodka und ziehen Sie damit die Schuhe an. Gehen Sie ein wenig auf und ab und Sie werden bemerken, dass sich das Leder dehnt. Warum Wodka? Er ist farblos und riecht nicht ...

Something old, something new ...

„... something borrowed, something blue and a lucky six-pence in your shoe." („Etwas Altes, etwas Neues, etwas Geliehenes, etwas Blaues und einen Glückspfennig im Schuh.") Ein aus England stammender Brauch hat sich auch bei uns zu einer sehr beliebten Tradition entwickelt. Die Braut soll zu ihrer Hochzeit etwas Altes, etwas Neues, etwas Geliehenes und etwas Blaues bei sich tragen und in ihre Kleidung integrieren.

- **Etwas Altes** steht für das bisherige Leben der Braut vor der Ehe. Die Braut trägt zum Beispiel ein altes Schmuckstück.
- **Etwas Neues** steht als Symbol für das beginnende Eheleben der Braut. Das neue Brautkleid soll ihr dabei Glück bringen.
- **Etwas Geliehenes** steht für Freundschaft und soll Glück in der Ehe bringen. Die Braut leiht sich etwas von einer glücklich verheirateten Freundin.
- **Etwas Blaues** ist ein Zeichen für die Treue, klassischerweise zum Beispiel ein blaues Strumpfband.
- Ein **Glückspfennig** im Schuh ist ein Zeichen des Wohlstands.

Accessoires für die Hochzeit

- [ ] Tiara, Krone oder Diadem
- [ ] Stola
- [ ] Tasche
- [ ] Hut
- [ ] Bolero oder Jäckchen
- [ ] Corsage
- [ ] Kette
- [ ] Lingerie
- [ ] Jacke
- [ ] Mantel
- [ ] Haarperlen
- [ ] Handschuhe
- [ ] Schuhe
- [ ] Schleier
- [ ] Schleiermantel
- [ ] Ohrringe
- [ ] Strümpfe
- [ ] Strumpfband
- [ ] Halsschmuck
- [ ] Schleife am Kleid in Farbe
- [ ] Reifrock oder Tüllrock
- [ ] Schleppe
- [ ] Abnehmbarer Neckholder
- [ ] Haarreifen
- [ ] Haarspange
- [ ] Sonstiges ______________________________

Das will ich tragen …

Platz für Ideen
zu Kleid und Accessoires

So soll mein Traumkleid aussehen

Beauty für die Braut

Passend zum Thema Outfit möchte ich an dieser Stelle auf das Thema Beauty eingehen. Viele Bräute haben den Wunsch, vor der Hochzeit noch ein paar Kilos abzunehmen, die Bräune aufzufrischen und eine neue Frisur auszuprobieren. Ja, wann wäre auch ein besserer Zeitpunkt dafür als jetzt ...
Nehmen Sie sich die Zeit und überlegen Sie in Ruhe oder vielleicht mit einer Freundin, was Ihnen vor der Hochzeit wichtig ist, denn Zeit spielt oft eine zentrale Rolle. Viele Bräute nehmen sich zu viel vor, übertreiben es mit der Veränderung oder wollen in drei Monaten zehn Kilo abnehmen – was kaum möglich ist. Vergessen Sie vor allem nicht, dass Sie bei allen Veränderungen Sie selbst bleiben ... nicht dass Ihr zukünftiger Ehemann Sie vor dem Altar aufgrund der neuen knallroten Mähne plötzlich nicht mehr erkennt.

Neue Frisur und Haarfarbe

Sie wollten schon immer einmal mit blonden Locken betören oder endlich den coolen Kurzhaarschnitt bekommen, der Ihnen gefällt? Probieren Sie beides möglichst lange vor der Hochzeit aus. Haare wachsen pro Monat nur circa einen Zentimeter nach! Auch bei krassem Farbwechsel sollte man dem Haar einige Zeit Schonung bieten, bevor man wieder eine andere Farbe ausprobiert. Der Haaransatz sollte eine Woche vor der Hochzeit nachgefärbt werden.
Vereinbaren Sie für die Brautfrisur rechtzeitig einen Probetermin mit Ihrem Stylisten oder Friseur.

Nehmen Sie Haarschmuck, Blüten, Accessoires und Schleier mit, die ins Haar sollen. Dieser Probetermin eignet sich perfekt, um die gewünschte Brautfrisur in Ruhe zu besprechen und zu testen – und im Notfall auf ein anderes Styling umzuschwenken.

Gesicht und Make-up

Beauty- und Frauenzeitschriften sind voll mit guten Ideen und Tipps rund um unser strahlendes Aussehen. Ob Sie sich nun bei der Kosmetikerin Ihres Vertrauens die modernste Gesichtsbehandlung verpassen lassen oder ob Sie aus Zeitmangel eine Inhouse-Kosmetik-Session mit selbst gemachten Cremes und Peelings veranstalten, bleibt Ihnen überlassen.
Falls Sie Angst haben, in Ihrem Brautkleid zu blass zu wirken, besuchen Sie ein Solarium – aber bitte nicht zu oft! Unnatürliche Bräune sieht ebenso unansehnlich aus wie übermäßiges Make-up.

Auch für das Braut-Make-up empfehle ich einen Probetermin, am besten zeitgleich mit der Probefrisur, sodass man sich das Gesamtergebnis ansehen kann. Das Braut-Make-up fällt etwas stärker aus als ein normales Tages-Make-up, weil es im Laufe des Tages ohnehin langsam verschwindet, vor allem aber, weil Fotoblitz viel Farbe verschluckt. Wenn Sie also nur leichtes Make-up tragen, wird man es später auf den Fotos nicht sehen. Ein geübter Visagist kennt sicher das nötige Maß an Farbe, denn Sie sollten nicht überschminkt oder gar unnatürlich wirken. Beim Probetermin haben Sie sicher schon die richtigen Lidschatten- und Rougefarben gewählt und den passenden Lippenstift oder Lipgloss ausgesucht.

Mein Tipp

Achten Sie bei Kosmetikbehandlungen auf den Zeitpunkt, der nicht zu knapp vor dem Hochzeitsdatum liegen sollte. Sie können allergische Reaktionen hervorrufen und Sie wollen doch nicht mit roten Flecken im Gesicht vom Hochzeitsfoto lächeln … Zwei bis vier Wochen vor der Hochzeit ist ein guter Zeitraum, um aufwendige Gesichtsbehandlungen zu zelebrieren. Vergessen Sie nicht aufs Fassonieren der Augenbrauen sowie aufs Wimpern- und Brauenfärben!

Noch ein Tipp

Vielleicht wollen Sie Ihren tollen Look gleich für ein Pre-Wedding-Fotoshooting nutzen (eventuell in Dessous oder einem sexy Kleid)? Das Resultat könnten Sie Ihrem frisch gebackenen Ehemann als Morgengabe schenken …

Figur

Das Brautkleid sieht nur in Größe 36 toll aus? Wer sagt das? Aber vielleicht wäre auch ein anderer, figurenfreundlicher Schnitt besser? Abgesehen von den bekannten Maßnahmen wie Sport und Diät braucht es vielleicht nur andere kleine, einfachere Veränderungen. Oft reicht es, die Figur zu straffen und zu formen, damit das Kleid besser sitzt. Sie müssen sich dafür nicht unbedingt in einem Fitnessclub einschreiben, denn es gibt mittlerweile tolle Figurstudios mit kundenfreundlichen Öffnungszeiten, die den Körper wrappen und shapen. So werden Fettpölsterchen abgebaut,

Problemzonen gestrafft und in Form gebracht. Oder wählen Sie eine Heimanwendung, für die man Körperwickel in der Drogerie kauft und zu Hause anwendet. Toll wirken auch Bürstenmassagen (Körperbürsten erhalten Sie in jeder Drogerie), welche die Zirkulation und somit die Fettverbrennung ankurbeln.

Wenn Sie vorhaben, für Ihr Brautkleid noch abzunehmen, empfehle ich Ihnen, ein geschnürtes Kleid zu bestellen. Sollte Ihre Figur letztlich doch nicht die gewünschte Form erreicht haben, wird das Kleid nicht zu eng sitzen.

Hände und Nägel

Gönnen Sie sich spätestens eine Woche vor der Hochzeit eine ausgiebige Maniküre. Ihre Hände werden sich danach zart anfühlen, die Nägel werden für die Fotos aufpoliert und verschönt.

Ähnlich wie bei der Frisur gilt aber auch hier: Wenn Sie ein neues Styling mit Kunstnägeln ausprobieren, lassen Sie sich dieses probehalber vorab einmal machen, sodass Sie bei Nichtgefallen noch Zeit haben, Ihre Nägel umstylen zu lassen.

Für den Fall, dass kurz vor der Hochzeit oder am großen Tag selbst ein Nagel einreißt oder abbricht, empfehle ich, ein Set falsche Nägel in der Farbe und Länge/Form der Nägel für den Hochzeitstag samt Nagelkleber im Täschchen zu haben. So können Sie den kaputten Nagel schnell und einfach ersetzen und niemand wird es merken ...

Unser Platz für Ideen

zu Make-up und Haarstyling

Schön
von Kopf
bis Fuß

Der Hochzeitsanzug

Auch dem Bräutigam steht eine ganze Welt der Hochzeitsoutfits samt Zubehör und Accessoires offen. Doch selten wird er sich ähnlich euphorisch wie die Braut, die ein Kleid aussucht, an die Wahl des Hochzeitsanzugs machen. Um es dem Ehemann in spe leichter zu machen, begleitet ihn seine Braut am besten beim Anzugkauf und holt sich vorab schon Ideen aus diversen Hochzeitsjournalen. Es hat durchaus einen praktischen Aspekt, wenn Sie dabei sind, denn Sie kennen Schnitt und Farbe des Brautkleids und letztlich sollten Sie beide als Paar auch outfitmäßig zusammenpassen.
Klassischerweise ist der Hochzeitsanzug in dunklen Tönen wie Schwarz, Anthrazit, Dunkelblau oder Dunkelbraun gehalten. Allerdings spricht nichts dagegen, dass der Bräutigam einen hellen – eventuell sogar weißen – Anzug trägt. Achten Sie hierbei besonders darauf, dass sich die Weißtöne der beiden Outfits nicht schlagen, sondern miteinander harmonieren.

Mein Tipp

Achtung Stolperstein: Es gibt das eine oder andere No-Go beim Hochzeitsanzug!

- Verkleiden Sie sich nicht! Wenn Sie sich im eleganten Smoking nicht wohlfühlen, tragen Sie ihn um Himmels willen nicht bei Ihrer Hochzeit!
- Keine weißen Socken – außer, wenn Sie einen weißen Anzug tragen. Ansonsten sind die Socken immer in der Farbe des Anzugs zu halten.
- Keine bunten Hawaii-Hemden, ausgenommen das entspricht Ihrem Hochzeitsmotto. Auch kurzärmlige Hemden sind nicht die optimalste Wahl zum Hochzeitsanzug.

Accessoires gehören ebenso zum perfekten Hochzeitsoutfit des Bräutigams, darunter Manschettenknöpfe, Krawatte oder Fliege und eventuell ein Stecktuch. Achten Sie darauf, dass die Accessoires farblich zusammenspielen oder aus demselben Stoff sind (zum Beispiel Krawatte und Stecktuch). Mit den Accessoires können Sie übrigens schöne farbige Akzente setzen, wenn Sie diese mit den Farben der Hochzeit, der Blumen und der Dekoration in Einklang bringen.

Outfit des Bräutigams

MÖGLICHE ANZUGFORMEN

- [ ] Smoking
- [ ] Frack
- [ ] Cut
- [ ] Gehrock
- [ ] Partysakko
- [ ] Stresemann
- [ ] Dinnerjacket
- [ ] Einreiher
- [ ] Zweireiher
- [ ] Sonstiges ______________________________

ACCESSOIRES

- [ ] Fliege
- [ ] Krawatte
- [ ] Plastron
- [ ] Kummerbund
- [ ] Stecktuch
- [ ] Weste
- [ ] Zylinder oder Hut
- [ ] Manschettenknöpfe
- [ ] Schuhe (Lack oder Leder)
- [ ] Sonstiges ______________________________

Unser Platz für Ideen

zu Anzügen und Accessoires

Krawatte
oder
Fliege?

Der Bräutigam

Die Ringe

Bereits in der Antike war der Ehering bekannt. Sowohl die alten Ägypter als auch die Römer trugen ihn am Ringfinger der linken Hand. Man stellte sich vor, dass eine Ader, die sog. „Vena amoris“ (lat. für „Liebesader“), direkt vom Herzen zu diesem Finger führt. Die Ringe waren meist aus Eisen und galten als Zeichen der Verbindung, vor allem aber als „Empfangsbestätigung“ für die Mitgift. Während in vielen westlichen Ländern der Ehering immer noch am linken Ringfinger getragen wird, ist es in Deutschland, Österreich, Norwegen, Litauen, Polen, Bulgarien, Russland und der Ukraine üblich, den Ring am rechten Ringfinger zu tragen.

Besonders schön und romantisch sind Inschriften oder Symbole am Ehering. In antiken römischen Ringen findet man beispielsweise „Pignus amoris habes“ eingraviert – „Du hast meiner Liebe Pfand“. In heutigen Eheringen sind meist der Name des Partners und das Hochzeitsdatum eingraviert.

Der Ehering gilt als Sinnbild der Treue der tragenden Person und ihrer ehelichen Bindung entsprechend den Ritusworten „Trage diesen Ring als Zeichen deiner Treue“. Mit den heute oft gesprochenen Worten „Trage diesen Ring als Zeichen meiner Treue“ oder „Trage diesen Ring als Zeichen unserer Liebe“ hat der Ehering eine völlig neue Bedeutung erlangt und steht für eine geänderte Eheauffassung.

Auch das Judentum kennt im Übrigen einen Hochzeitsring. Dieser wird jedoch nur rituell genutzt und der Braut während der Trauung an den Zeigefinger der rechten Hand gesteckt.

Wie wählen wir die richtigen Ringe aus?

Vergessen Sie bei der Wahl der Eheringe nicht, dass es sich um ein Schmuckstück handelt, das Sie im besten Fall von nun an jeden Tag tragen werden. Dieses sollte zu Ihnen beiden passen und Ihnen auch nach vielen Jahren noch gefallen. Nehmen Sie sich für die Entscheidung Zeit, probieren Sie einige Ringe an und finden Sie heraus, welcher in Ihrem Alltag gut zu Ihnen und Ihren Aktivitäten passt. Bedenken Sie etwa, wie robust, widerstands- und kratzfähig dieser sein muss.

Folgende Kriterien sollten Sie bedenken:

- **Welches Edelmetall ist für uns das Richtige?** Beliebt sind immer noch Eheringe aus Gold oder Weißgold. Auch Platin erfreut sich großer Beliebtheit, denn es ist ein sehr festes, beständiges Material. Silber ist weniger beliebt, da es ein weiches Metall ist, das sich schnell verändert. Bei der Wahl des Edelmetalls spielen auch Ihr persönlicher Geschmack und Ihr Typ eine Rolle. Zu nordischen Typen passen besser kühle Metalle wie Weißgold, Platin, Silber, Palladium und Titan. Südländische Typen wählen besser Rot- oder Gelbgold.
- **Welches Design gefällt uns?** Wollen Sie einen schlichten Ring, der überall dazupasst, oder darf er ein wenig pompöser ausfallen? Soll er mit Steinen besetzt sein? Bedenken Sie bei der Wahl, dass das Design beide Partner überzeugen sollte.

- Wünschen Sie eine persönliche Inschrift, mit der Ihre Eheringe zum absoluten Einzelstück werden? Oder haben Sie ein gemeinsames Symbol, das für Ihre Verbindung steht? Lassen Sie es innen oder außen eingravieren.

Beispiele für Gravuren:

- Hochzeitsdatum
- Vornamen des Ehepartners
- Symbole
- Zitate oder Sprüche

Überlegen Sie vorab unbedingt, in welchem preislichen Rahmen die Eheringe liegen sollen, aber vergessen Sie nicht, hier auf Qualität zu achten. Vielleicht gibt es ja auch von (verstorbenen) Verwandten Ringe, die Sie für sich ummodeln oder einschmelzen lassen wollen. So hätten Sie einerseits ein liebes Andenken, andererseits Geld gespart.

Unser Platz für Ideen

Mein Tipp

Wer es individueller will, kann einen Ehering-Schmiedekurse besuchen, in dem man den Ehering für sich und den Partner selbst schmiedet.

Unsere
Ringe
halten uns
zusammen!

Hochzeitszubehör & Nützliches

Wenn Sie schon beim Kaufen der Outfits sind, denken Sie auch an diverse andere Accessoires und Helferleins, die Sie bei der Hochzeit brauchen können. Verlieren Sie dabei nie das Motto, den Rahmen und die Farben Ihrer Hochzeit aus den Augen, sodass letztlich alles ein einheitliches Bild ergibt.

- **Ringkissen/-teller:** Klassischerweise werden die Ringe auf einem Teller oder Ringkissen präsentiert und liegen bei der Trauung bereit. Sie können aber auch andere Gegenstände als Ringhalterung benutzen. Kaufen Sie zum Beispiel bei Ihrer nächsten Reise einen verzierten Teller, eine bemalte Schale oder einen antiken Kerzenhalter mit zwei Armen. Der Gegenstand ist gleichzeitig Souvenir und eine schöne Erinnerung an die Trauung!
- **Hochzeitskerze:** Bei der Trauung ist das gemeinsame Anzünden der Hochzeitskerze (auch Trau- oder Brautkerze genannt) ein besonderer Moment. Später ist die Kerze eine schöne Erinnerung an Ihren besonderen Tag, wenn Sie sie an jedem Hochzeitstag wieder anzünden.
- **Gästebuch:** Obligatorisch für jede Hochzeit ist das Gästebuch, in dem Ihre Gäste Glückwünsche hinterlassen können. Glauben Sie mir, auch wenn Ihnen dieser Brauch zu kitschig oder altmodisch erscheint, Sie werden sich sehr freuen, wenn Sie nach der Hochzeit in Ruhe die lieben Worte Ihrer Gäste durchlesen … Passend zu Gästebüchern gibt es meist Federhalter oder Kugelschreiber zu kaufen.
- **Einwegkameras:** Okay, fast jeder hat heutzutage schon ein Handy, mit dem oft bessere Fotos entstehen als mit einer Kleinbildkamera. Legen Sie aber dennoch einige Einwegkameras auf und bitten Sie Ihre Gäste, die besten Momente damit festzuhalten. Sie werden staunen, welch interessante Erinnerungsbilder Sie erhalten …

Viele romantische Details

Die Gäste

Wichtige Personen und ihre Aufgaben

DIE BRAUTMUTTER …

- hilft bei der Auswahl des Brautkleids.
- hilft bei der Locationsuche.
- ist Ansprechpartnerin für Gäste bei der Hotel- und Reisebuchung.
- unterstützt das Brautpaar bei der Gästeliste und der Tischordnung.
- bemüht sich um ein gutes Verhältnis zur Familie des Bräutigams.
- lädt eventuell am Tag nach der Hochzeit zu einem Brunch ein.

DER BRAUTVATER …

- fährt mit der Braut zur Kirche und führt sie zum Altar.
- spricht beim Empfang/zwischen den Gängen einen Toast auf das Brautpaar aus und begrüßt dabei den Bräutigam in der Familie.
- tanzt mit der Braut nach dem Brauttanz.
- bleibt bis zum Ende der Feier und begleicht diskret letzte offene Rechnungen.

DIE MUTTER DES BRÄUTIGAMS …

- bietet der Braut und ihre Familie ihre Unterstützung an.
- bietet ihre Hilfe beim Erstellen der Gästeliste und Tischordnung an.
- begrüßt bei der Trauung und der Feier mit den Brauteltern die Gäste.

DER VATER DES BRÄUTIGAMS …

- hilft dem Brautvater bei seinen organisatorischen Aufgaben.
- spricht bei der Feier einen Toast auf das Brautpaar aus.
- tanzt mit seiner neuen Schwiegertochter.

DIE TRAUZEUGEN …

- helfen bei der Organisation der Hochzeit.
- stellen sich in der Vorbereitungsphase als Ansprechpartner zur Verfügung.
- organisieren den Junggesellinnen-/Junggesellenabschied.
- koordinieren Spiele für die Feier und Ideen der Gäste.
- übergeben die Eheringe bei der Zeremonie an den Bräutigam.
- sprechen den ersten Toast auf das Brautpaar aus.

Vergessen Sie nicht die kleinsten VIPs:

DIE BLUMENMÄDCHEN …

- streuen der Braut Blüten.
- führen den feierlichen Einzug an.
- sind ein herziger Hingucker für Gäste und auf Fotos.

DER RINGTRÄGER …

- hat die wichtige Aufgabe, die Ringe vorauszutragen.
- trägt somit das wichtigste Gut der Hochzeit zum Traualtar.

Gästeliste und Sitzordnung

Da hat schon so manchem Brautpaar der Kopf geraucht … Wen soll man einladen? Wen „muss" man einladen? Wen will man unbedingt dabeihaben und wen auf keinen Fall? Sollen die Arbeitskollegen eingeladen werden – aber wie weit zieht man den Kreis? Sollen die Kollegen aus dem Fußballteam oder die Damen aus dem Spanischkurs geladen werden?
Und Achtung: Oft gehen die Vorstellungen des Brautpaars und die der Eltern/Freunde nicht konform und es kann schnell zu Unstimmigkeiten und sogar Streitereien in Familie oder Freundeskreis kommen.

Mein Tipp

Es ist Ihre Hochzeit, auf der Sie Spaß mit den Leuten haben sollen, die Sie lieben und privat gerne treffen. Es macht keinen Sinn, wenn Sie Ihren Chef einladen, den Sie schon im Büro nur schwer ertragen können, oder die Mitzi-Tante, die Sie seit fünf Jahren nicht mehr gesehen haben (wobei Sie den Grund dafür nur zu gut kennen). Nur weil man jemanden aus Anstand oder Etikette einladen „sollte", müssen Sie das noch lange nicht machen.
Sollten Sie aufgrund familiärer Verstrickungen, weil es Ihr beruflicher Status erfordert oder weil Sie Ihr Gewissen zu sehr drückt, wirklich nicht darum herumkommen, laden Sie alle Gäste zur Trauung und im Anschluss zu einem Sektempfang, einer Agape oder zum Kaffeetrinken ein. Aber zum offiziellen Hochzeitsessen bzw. zur Feier werden wirklich nur die Personen von Ihrer Wunschliste geladen.

Meine Empfehlung zur Herangehensweise

Legen Sie das Budget fest und errechnen Sie anhand der Angebote der Locations und Caterer, wie viele Personen Sie bewirten können. Dann schreiben Sie auf eine Liste alle Menschen, die Sie unbedingt bei Ihrer Hochzeit dabeihaben wollen, und auf eine weitere Liste zusätzlich all jene, von denen Sie denken, dass Sie sie einladen sollten. Zählen Sie die Personen und vergleichen Sie die Anzahl mit der des Budgetrahmens. In den meisten Fällen ist die Gästeliste an dieser Stelle üppiger als die angepeilte Personenzahl.

Streichen Sie nun Personen von der „Sollten-wir-einladen-Liste“. Wie sieht es jetzt mit der Personenanzahl aus?

Sind es immer noch zu viele Personen, ziehen Sie die Möglichkeit in Betracht, alle Gäste zur Trauung und Agape einzuladen, aber nur jene, die Sie unbedingt dabeihaben wollen, zum Hochzeitsessen und zur Feier. Sie können das elegant trennen, indem Sie auf die Einladung Datum, Zeitpunkt und Ort der Trauung sowie als anschließenden Programmpunkt die Agape, bei der eventuell schon die Hochzeitstorte angeschnitten wird, schreiben. Nur jene Gäste, die Sie zum späteren Hochzeitsessen und zur Feier laden, bekommen ein weiteres Blatt eingelegt, auf dem zum Festessen und zu der Feier geladen wird (zum Beispiel im Namen der Eltern).

Sollten Sie aber weniger Leute als angepeilt auf der Liste haben, gibt es zwei Möglichkeiten:

- Juhu, weniger Leute bedeutet, dass Sie Geld und Platz sparen.
- Sie ziehen einige der „nicht so wichtig Personen“ nach (muss ja keiner erfahren!).
  Falls Sie nicht wissen, wen Sie nachziehen sollen, fragen Sie eventuell Ihre Eltern, wen Sie einladen sollen.

Unsere Gästeanzahl

Erwachsene ____________________

____

Kinder ____________________

____

____

Menschen mit besonderen Bedürfnissen ____________________

____

Beispiel Gästeliste

Im Idealfall erstellen Sie eine Excel-Liste, die beliebig sortiert werden kann. Wenn Sie einen „Welcome Desk" haben, sollte die Liste zur besseren Übersicht für den Gästebetreuer in folgenden Sortierungen aufliegen: 1 x nach Vorname, 1 x nach Nachname.

GAST VON	AN-WESEND	NACHNAME	VORNAME	TISCHNAME/ NR.	WHO IS WHO
Braut	✓	Mayer	Susanne	Barcelona/1	Mutter der Braut
Braut	✓	Mayer	Thomas	Barcelona/1	Vater der Braut
...			...	...	...
				Istanbul/4	
				...	
				Las Vegas/4	
				...	
Bräutigam		Muster	Max	London/4	Freund
...		...	...	...	...
				New York	
				...	
				Miami	
				...	
				Rom	
				...	

Mein Tipp

Bei großen Hochzeiten mit mehr als hundert Personen kommt es schnell zu Gruppenbildungen. Um das zu verhindern, teilen Sie die Sitzordnung so ein, dass auch unterschiedliche Menschen aufeinandertreffen. Hierbei ist ein bisschen Fingerspitzengefühl gefragt, denn nicht jedes Pärchen unterhält sich gerne mit Paaren, deren quengelnde Kinder mit am Tisch sind. Und der Selbstdarsteller wird sich in Gesellschaft des Buchclubs wohl auch nicht sehr wohlfühlen.

Sitzordnung am Standesamt und in der Kirche

Es gibt zwar keine zwingend festgelegte Sitzordnung für Kirche oder Standesamt, allerdings sollten die engsten Angehörigen ganz vorne sitzen – in der ersten Reihe also Eltern, Geschwister und Trauzeugen. Um dies klarzumachen, können Sie Namensschilder an den Sesseln anbringen, oder Sie haben jemanden, der sich um die Platzzuweisung vor Ort kümmert. Auch Großeltern, enge Freunde und eventuell Taufpaten sollten vorne sitzen (zum Beispiel in der zweiten Reihe).
Personen, die die Zeremonie in der Kirche mitgestalten, sollten am besten Seitenplätze einnehmen, sodass sie schnell und einfach aufstehen können. Die weiteren Gäste suchen sich in den folgenden Reihen selbst einen Platz.
Manche Brautpaare versammeln ihre Gäste nach Zugehörigkeit zu Braut bzw. Bräutigam, was allerdings mehr Aufwand bedeutet.

Sitzordnung beim Hochzeitsessen

Ob Sie nun eine lange Tafel, runde oder eckige Tische wählen, hängt oft von der Machbarkeit in der Location ab – und letztlich von Ihren Vorlieben. Bei einer Tafel sitzen die Gäste nebeneinander, sodass ein Gespräch meist nur mit den unmittelbaren Nachbarn und dem Gegenüber möglich ist. Runde oder eckige Tische haben den Vorteil, dass man sich im besten Fall mit allen Personen am Tisch unterhalten kann und alle sieht.

Vielleicht wählen Sie aber auch eine gemischte Form, bei der Sie und Ihre Eltern sowie die Trauzeugen an einer Tafel sitzen und die restlichen Gäste an runden Tischen platziert werden. Die Braut sitzt immer rechts vom Bräutigam. Gerne wird die klassische Einteilung gewählt, bei der der Vater des Bräutigams neben der Braut sitzt, neben ihm die Mutter des Bräutigams. Auf der anderen Seite vice versa die Brautmutter neben ihrem neuen Schwiegersohn und daneben der Brautvater.
Auf jeden Fall sollte dem Brautpaar ein Ehrenplatz zukommen, eventuell sogar erhöht, sodass all Ihre Gäste einen guten Blick auf Sie haben. Das ist nämlich meist die größte Herausforderung bei der Aufstellung der Tische: Jeder Gast möchte einen guten Blick

auf das Brautpaar haben, aber man will ja niemanden vergraulen ... Bedenken Sie bei jeglicher Tischaufstellung, dass genug Platz zum Durchgehen (besonders, wenn Sie ein Buffet anbieten) sowie für eine Tanzfläche und den DJ bleiben muss.

Überlegen Sie, wen Sie an einen Tisch zusammensetzen und ob Sie Familie mit Freunden vermischen möchten. Sind Ihre Angehörigen so kommunikativ und interessiert, dass Sie sie beliebig zusammensetzen können? Oder bevorzugen es Ihre Gäste, unter bekannten Menschen zu bleiben? Damit auf Ihrer Hochzeit keine Grüppchenbildung entsteht, empfehle ich, zumindest ein wenig zu mischen. Hierbei könnten Sie auf ähnliche Interessen, Altersgruppen, Kinderschar und dergleichen Rücksicht nehmen. Ganz nach dem Motto: Gleich und Gleich gesellt sich gerne.

Sind viele Kinder im Alter zwischen sechs und vierzehn Jahren unter den Gästen, könnten Sie einen Kindertisch organisieren. Aber bitte, um Himmels willen, decken Sie keinen Singletisch ein, der womöglich auch noch so genannt wird. Niemand möchte wie Freiwild zur Jagd ausgeschrieben sein. Setzen Sie lieber zwei bis vier Singles, von denen Sie meinen, dass sie gut zueinanderpassen würden, an einen Tisch mit anderen Pärchen ihres Alters, so findet ein ungezwungenes Kennenlernen leichter statt und es wird nicht peinlich.

In den meisten Fällen wird die Location oder der Caterer passende Vorschläge für die Sitzordnung sowie Beispielfotos parat haben und gerne aus dem Nähkästchen plaudern. Auf der nächsten Seite finden Sie Beispiele für mögliche Sitzordnungen bei der Feier.

Unsere Sitzordnung

T-Form

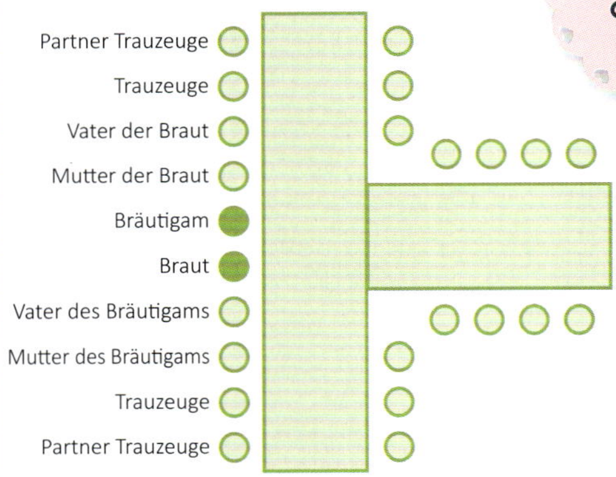

U-Form

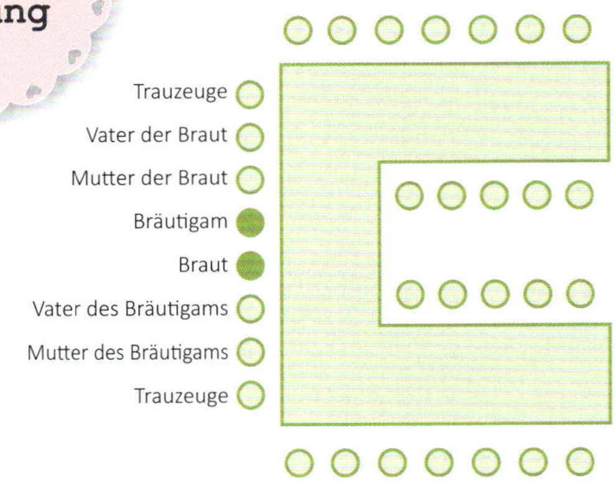

Runder Brauttisch

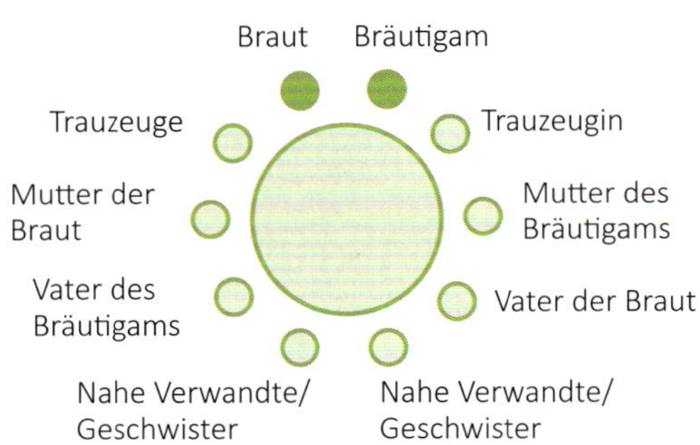

Runde Tische

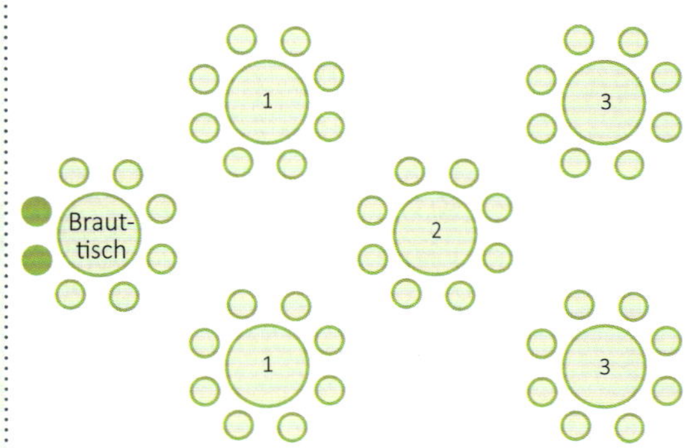

Tafel für das Brautpaar, runde Tische für die Gäste

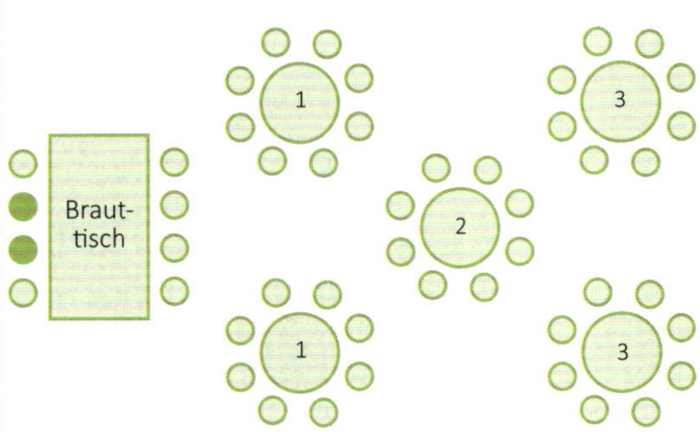

Sitzordnung

1 Verwandte
2 Wichtige Gäste
3 Freunde

Fragen Sie Ihren Caterer oder den Verantwortlichen der Location bezüglich der Sitzordnung um Rat – sie haben meist viel Erfahrung mit der Organisation von Hochzeiten.

Checkliste für die Tischeinteilung

TISCHFORM

- Tafel
- Runde Tische
- Eckige Tische
- Gemischt

SITZORDNUNG

- Wo sitzt das Brautpaar?
- Wer sitzt neben dem Brautpaar oder sitzt das Brautpaar alleine?
- Einteilung der Gäste nach Familie, Interessen, Alter etc.
- Gibt es einen Kindertisch?

BENÖTIGTE DRUCKSORTEN

- Tischplan am Eingang des Saales
- Tischnamenskarten oder Karten mit Tischnummern
- Namenskärtchen
- Sonstiges ____

Beispiel Tischeinteilung

Erstellen Sie Ihre Tischeinteilung und vergeben Sie Tischnamen/Nummern.

Tischname / Nr.	London / 2	**Tischname / Nr.**	
Platz 1	Max Muster	Platz 1	
Platz 2		Platz 2	
Platz 3		Platz 3	
Platz 4		Platz 4	
Platz 5		Platz 5	
Platz 6		Platz 6	
Platz 7		Platz 7	
Platz 8		Platz 8	

Tischname / Nr.		**Tischname / Nr.**	
Platz 1		Platz 1	
Platz 2		Platz 2	
Platz 3		Platz 3	
Platz 4		Platz 4	
Platz 5		Platz 5	
Platz 6		Platz 6	
Platz 7		Platz 7	
Platz 8		Platz 8	
Platz 9		Platz 9	
Platz 10		Platz 10	

Drucksorten

Der erste Eindruck, quasi die Visitenkarte Ihrer Hochzeit, ist die Einladung oder eine „Save the Date"-Ankündigung an Ihre Gäste.
Sie haben sich ja bereits Gedanken zu Stil, Rahmen und Farben Ihrer Hochzeit gemacht – diese sollten sich im Stil der Drucksorten wiederfinden, um ein einheitliches Bild zu schaffen. Für die Produktion vereinbaren Sie entweder einen Termin bei der Druckerei Ihres Vertrauens oder Sie suchen sich einen Onlineservice, bei dem die Drucksorten zwar ohne Profirat, aber meist günstiger zu bekommen sind. Der Vorteil der Druckerei bzw. des Papierfachhandels ist, dass Musterbücher mit fertigen Drucksorten und zu Papierqualität, Farben und Schriften aufliegen. Zudem können Sie vorab ein Original ansehen.

Welche Drucksorten brauchen Sie?

- [ ] Save the Date
- [ ] Einladungen
- [ ] Rückantwortkarten
- [ ] Programmheft für die Kirche
- [ ] Namenskärtchen
- [ ] Menükarten
- [ ] Tischzuweisungskarten, die bei Ankunft der Gäste verteilt werden (Bei dieser Gelegenheit kann man elegant die Gästeliste abhaken, Schlüsselpersonen wichtige Infos zu Ihrer Aufgabe geben bzw. den Kindern Spielsachen austeilen.)
- [ ] Willkommensplakat als Wegweiser (evtl. mit Foto des Paares)
- [ ] Großer Tischplan, der zum Beispiel auf einer Staffelei präsentiert wird
- [ ] Glückwunschkarten, die von den Gästen ausgefüllt und an Luftballons montiert werden können
- [ ] Danksagungskarten

Mein Tipp

Lassen Sie von jeder Drucksorte ein paar Stück mehr produzieren!

Die Einladung

Die Einladung zur Hochzeit ist das offizielle Schriftstück, mit dem Sie Ihre Gäste informieren und (wahrscheinlich) zur Hochzeit einladen. Und es ist die beste Möglichkeit, alle Informationen rund um die Hochzeit zu verpacken.

DIESE INFORMATIONEN SOLLTEN UNBEDINGT ENTHALTEN SEIN

- [ ] Info: Wir heiraten!
- [ ] Namen der Brautleute (und eventuell der Eltern)
- [ ] Termin und Uhrzeit der Trauung
- [ ] Adressen der Trauungs- und Feierlocations
- [ ] Standesamtliche und/oder kirchliche Hochzeit
- [ ] Einladung zur Agape und/oder zum Hochzeitsessen
- [ ] Wegbeschreibung, Anfahrtsplan, Parkplatzinfo
- [ ] u. A. w. g. und Deadline dafür
- [ ] Adresse des Brautpaars
- [ ] Kontaktperson

AUCH DIESE INFORMATIONEN KÖNNEN ENTHALTEN SEIN

- [ ] Dresscode oder Kleiderwünsche
- [ ] Motto der Hochzeit (damit sich die Gäste darauf einstellen können)
- [ ] Ablaufplan
- [ ] Geschenkwünsche bzw. Link zu Onlineliste oder Shops
- [ ] Information zur Kinderbetreuung
- [ ] Übernachtungsmöglichkeiten für auswärtige Gäste
- [ ] Kontakt Weddingplanner

Der Text

Die Textierung der Drucksorten stellt manche Brautpaare vor eine große Aufgabe, aber ich möchte Ihnen hier mitgeben: Machen Sie sich keinen Stress! Niemand wird die Hochzeit in schlechter Erinnerung behalten, nur weil Ihre Einladung nicht wie von Goethe verfasst klingt. Manchmal ist hier weniger mehr. Im Internet finden Sie viele Textvorschläge, die Druckerei Ihres Vertrauens hat sicher auch zahlreiche Tipps parat.

Textbeispiele:

Die Liebe allein versteht das Geheimnis, andere zu beschenken und dabei selbst reich zu werden. (Clemens von Brentano)
In der Liebe zueinander und im Vertrauen auf Gottes Segen geben wir einander das Versprechen, gemeinsam durchs Leben zu gehen.
Zwei Herzen, ein gemeinsamer Wunsch ...
Vertrauen ins Leben, Vertrauen in die Zukunft, Vertrauen in UNS
Zwei Herzen, ein Versprechen!
Wir wagen eines der letzten Abenteuer unserer Zeit ...
Love is the answer ...
Wir freuen uns, dass Mama & Papa heiraten!
Unsere wilde Ehe ist gescheitert!
Was lange währt, wird endlich wahr!
Einmal JA, für immer JA ...
Nach sechs Jahren und zwei Kindern trauen wir uns ...
Nach langer Probezeit ist es nun so weit ... AUS DREI WIRD EINS!

Einladungstext für Gäste mit Kindern

Ob Ihre Gäste die Kinder mitbringen dürfen/sollen oder nicht, müssen Sie selbst entscheiden. In jedem Fall ist das ein heikles Thema, denn manche Eltern reagieren verständnislos, wenn Sie gebeten werden, ohne Nachwuchs zur Feier zu kommen.

Für einen reibungslosen, fairen und nervenschonenden Ablauf empfehle ich, die Information dazu gleich in der Einladung zu verankern. So vermeiden Sie lästige Anrufe der einzelnen Eltern, die wissen wollen, ob sie Ihre Kleinen mitbringen können.

Textbeispiele:

Wir freuen uns, diesen wunderbaren Tag mit euch und euren Kindern verbringen zu dürfen.
Kids welcome!
Natürlich könnt ihr Eure Kinder gerne zu unserer Hochzeit mitbringen. Wir ersuchen um Info, ob sie am Kindertisch oder neben euch Platz nehmen sollen.

Falls Sie viele Freunde mit Kindern haben, Sie aber nicht Gefahr laufen wollen, dass Ihre Hochzeit zur Kinderparty wird, könnte eine Formulierung folgendermaßen lauten:

Da wir unseren großen Tag mit euch unbeschwert feiern wollen, ersuchen wir euch, ohne Kinder zum Fest zu kommen.
Aufgrund der Platzgegebenheiten ersuchen wir euch, ohne Kinder zur Hochzeitsfeier zu kommen.

Mein Tipp

Sollten Sie überschaubar wenige Gäste mit Kindern haben, könnten Sie ja vorab telefonisch Kontakt aufnehmen und das Thema besprechen ...

Beispiel

Mein Tipp

Lassen Sie sich von der Druckerei und dem Grafiker eine schriftliche Bestätigung der Leistung geben, die folgende Details enthält:

- Anzahl und Beschreibung der einzelnen Drucksorten (zum Beispiel Einladungskarten, Menükarten, Tischkarten etc.)
- Format, Farbe, Schriftarten
- Abgabetermin für die Druckunterlagen und Liefertermin
- Zusätzliche Leistungen (wie Kuvertieren, Stanzen, Binden …)
- Festgesetzter/vereinbarter Preis
- Zahlungskonditionen (Anzahlung, Restzahlung …)

Unser Platz für Ideen

Mehr als nur Papier

Mein Tipp

Sie können auch ein Kuvert einkleben, in dem Sie Druckbeispiele sammeln.

Musik & Entertainment

Eine Feier steht und fällt mit der Musik – es zahlt sich also aus, sich wirklich gut zu überlegen, welchen Musikstil Sie bei Ihrer Hochzeit wünschen. Manche Paare schwören auf Livemusik, andere wollen zu den neuesten Chart-Hits tanzen und engagieren lieber einen DJ. Wie auch immer Sie sich entscheiden, hören Sie sich auf jeden Fall Musikproben der infrage kommenden Bands an und sprechen Sie Ihre Wünsche mit den Musikern bzw. dem DJ vorab in einem persönlichen Treffen genau ab. Es wäre schade, wenn genau Ihr Lieblingssong bei der Hochzeit nicht gespielt wird ...

Unsere Musikwünsche

TRAUUNG

- [ ] Gospel
- [ ] Chor
- [ ] Sopran
- [ ] Geige
- [ ] Streichquartett
- [ ] Orgel
- [ ] Harfe
- [ ] Trompete
- [ ] Band
- [ ] Pianist
- [ ] CD
- [ ] Modern
- [ ] Klassisch
- [ ] Sonstiges ____________________

SEKTEMPFANG BZW. AGAPE

- [ ] Band
- [ ] Saxofon
- [ ] Harfe
- [ ] Pianist
- [ ] DJ
- [ ] CD
- [ ] Klassisch
- [ ] Modern
- [ ] Lounge
- [ ] Café del Mar
- [ ] Jazz
- [ ] Sonstiges ____________________

HOCHZEITSESSEN

- [ ] Band
- [ ] Saxofon
- [ ] Harfe
- [ ] Pianist
- [ ] DJ
- [ ] CD
- [ ] Sonstiges ____________________
  ____

FEIER

- [ ] Band
- [ ] Saxofon
- [ ] Pianist
- [ ] DJ
- [ ] CD
- [ ] Solosänger
- [ ] Einlage von Freunden
- [ ] Eigener Auftritt
- [ ] Ländlich
- [ ] Modern
- [ ] Disco
- [ ] Oldies
- [ ] Jazz
- [ ] NDW

Unsere Musik

Einzugslied Trauung

Titel für den Brauttanz

Besondere Titelwünsche

Gibt es eine „Bitte-nicht-spielen-Liste"?

Wie ist die musikalische Untermalung, wenn die Band pausiert?

Mein Tipp

Lassen Sie sich von jedem Musik-Act eine schriftliche Bestätigung der Leistung geben, die folgende Details enthält:

- Ort und Datum der Hochzeit/des Auftritts
- Dauer des Auftritts
- Besetzung der Band
- Wann und wo baut die Band/der DJ auf?
- Welches technisches Equipment wird mitgebracht?
- Wird zusätzliches technisches Equipment benötigt (zum Beispiel Tonanlage, Mischpult, Plattenspieler, Mikrofone ...)? Wer ist dafür zuständig?
- Definition der gewünschten Musik(richtung)
- Legen Sie fest, wie viele Pausen die Band/der DJ machen wird und was in der „musiklosen Zeit" gespielt wird.
- Zusätzliche Leistungen wie Soloauftritt eines Künstlers, Vertonung einer Feuershow ...
- Festgesetzter/vereinbarter Preis der Dienstleistung und Miete für das technische Equipment
- Zahlungskonditionen (Anzahlung, Restzahlung ...)

Fotos & Videos

Der Fotograf

Jedes Brautpaar möchte die schönsten Momente seines Hochzeitstags zur Erinnerung in Bild und eventuell Video festgehalten wissen. Nehmen Sie sich für die Wahl des Fotografen daher gerne mehr Zeit. Lernen Sie ihn/sie vorab kennen und besprechen Sie wichtige Motive und deren Machbarkeit. Preislich gibt es natürlich große Unterschiede, aber ein seriöser, professioneller Fotograf, der Ihnen am Hochzeitstag zur Verfügung steht, kostet schon 500 Euro aufwärts …
Überlegen Sie vorab genau, was Sie vom Fotografen erwarten. Vielleicht buchen Sie ja eine gesamte Hochzeitsreportage, bei der das Brautpaar schon ab dem Hochzeitsmorgen begleitet wird? Nachstehend finden Sie eine Checkliste, die Ihnen hilft, alle wichtigen Momente einzufangen und nichts zu vergessen.
Wenn Sie einen knappen Zeitplan haben, vereinbaren Sie für die Brautpaarfotos einfach einen Termin nach der Hochzeit. Das hat auch den Vorteil, dass Sie nicht mehr so nervös sind und das Fotoshooting richtig genießen können, weil keine neugierigen Gäste auf Sie warten. Allerdings sollte bis zu einem späteren Shooting nicht zu viel Zeit vergehen, sonst laufen Sie Gefahr, nicht mehr im „Wow, wir haben gerade geheiratet"-Modus zu sein …

Unsere Hochzeitsfotos

FOTOGRAF	NR. 1	NR. 2
Name		
Adresse		
Telefon		
E-Mail		
Preis		
Leistungen		
Wie lange soll fotografiert werden?		

Fotomotive

LOCATIONS

- [ ] Außenbereich
- [ ] Innenbereich (Schlechtwetter)
- [ ] Studio

PERSONEN UND GRUPPEN

- [ ] Brautpaar
- [ ] Brautpaar und Eltern (einzeln/ gemeinsam)
- [ ] Ringe und Hände
- [ ] Brautpaar und Trauzeugen
- [ ] Brautpaar und Kinder
- [ ] Gruppenfoto aller
- [ ] Porträts Brautpaar
- [ ] Rückenansicht Brautpaar
- [ ] Brautstrauß
- [ ] Location und Dekoration
- [ ] Momente
- [ ] Lachen
- [ ] Fotosession vorab für Einladungen

HOCHZEITSREPORTAGE (2 FOTOGRAFEN NÖTIG)

- [ ] Anziehen Braut bzw. Bräutigam
- [ ] Anfahrt
- [ ] Einzug
- [ ] Outdoor
- [ ] Indoor
- [ ] Eintreffen der Gäste
- [ ] Eintreffen des Bräutigams
- [ ] Eintreffen der Braut
- [ ] Erster Blick
- [ ] Blumenkinder
- [ ] Ringträger
- [ ] Trauung
- [ ] Hochzeitskuss
- [ ] Unterschreiben
- [ ] Reiswerfen
- [ ] Glückwünsche
- [ ] Blicke
- [ ] Künstler
- [ ] Tische und Dekoration
- [ ] Reden
- [ ] Buffet
- [ ] Gäste
- [ ] Eröffnungstanz
- [ ] Tanz Braut und Vater
- [ ] Tanz Bräutigam und Mutter
- [ ] Künstler und Specials der Feier
- [ ] Tortenanschnitt
- [ ] Brautstraußwerfen
- [ ] Sonstiges ____________________
____

Mein Tipp

Meist ist der Fotograf mit der Familie nicht bekannt und kennt die Zusammenhänge nicht. Daher empfehle ich, für Gruppenfotos der Familie und Freunde eine Liste anzulegen, auf der notiert wird, welche Personen unbedingt zusammen auf einem Foto sein sollen. Diese Liste geben Sie dem Fotografen oder Weddingplanner zu Koordination.

Der Videograf

Unser Hochzeits-film

VIDEOGRAF	NR. 1	NR. 2
Name		
Adresse		
Telefon		
E-Mail		
Preis		
Leistungen		
Wie lange soll gefilmt werden?		

Was soll gefilmt werden? ☑

LOCATIONS	
☐ Außenbereich	☐ Innenbereich (Schlechtwetter)

PERSONEN UND GRUPPEN	
☐ Braut zieht ein	☐ Brautpaar und Kinder
☐ Brautpaar und Eltern (einzeln/gemeinsam)	☐ Brautpaar Rückenansicht
☐ Ringwechsel	☐ Brautstrauß
☐ Brautpaar und Trauzeugen	☐ Location und Dekoration

VIDEOREPORTAGE	
☐ Anziehen Braut/Bräutigam	☐ Ringtausch
☐ Anfahrt	☐ Unterschreiben
☐ Outdoor	☐ Reiswerfen
☐ Indoor	☐ Glückwünsche
☐ Eintreffen der Gäste	☐ Tische, Dekoration und Buffet
☐ Eintreffen des Bräutigams	☐ Reden
☐ Bräutigam geht zum Altar	☐ Gäste
☐ Eintreffen der Braut	☐ Eröffnungstanz
☐ Einzug der Braut	☐ Tanz von Braut und Vater/ Bräutigam und Mutter
☐ Erster Blick	
☐ Blumenkinder	☐ Künstler und Specials der Feier
☐ Ringträger	☐ Tortenanschnitt
☐ Trauung	☐ Brautstraußwerfen
☐ Hochzeitskuss	☐ Gäste interviewen und Glückwünsche einholen
☐ Sänger	
☐ Treueversprechen	☐ Sonstiges ____________________

Mein Tipp

Lassen Sie sich vom Fotografen oder Videografen Ihrer Wahl eine schriftliche Bestätigung der Leistung geben, die folgende Details enthält:

- Ort und Datum der Hochzeit, Dauer des Auftrags
- Was soll fotografiert/gefilmt werden (welche Situationen, gewünschte Fotomotive)?
- Wann und wo baut der Fotograf/Videograf auf? Welches technische Equipment wird mitgebracht?
- Wie erhalten Sie die Fotos oder Videos (auf CD/DVD, über einen Server ...)?
- Wie viele Abzüge in welcher Größe sind im Preis enthalten?
- Wie wird der Endfilm aufbereitet sein (z. B. mit Musikuntermalung, wenn ja, welche Musik)?
- Zusätzliche Leistungen (wie Erstellung eines Fotobuches, DVD-Covers etc.)
- Festgesetzter/vereinbarter Preis inkl. Kilometergeld, Zahlungskonditionen
- Klarstellung, wer die Kosten übernimmt, falls der Fotograf/Videograf vor Ort übernachten muss

Geschenke, Kinder & Extras

Geschenkwünsche

Früher war es Tradition, eine Hochzeitsliste in einem Geschäft der Wahl aufzulegen. Die Gäste konnten dort etwas aussuchen und sicher sein, dass das Brautpaar dieses Utensil benötigen und wahrscheinlich auch nur einmal geschenkt bekommen würde. Heute haben die meisten Paare bereits alles für ihren Haushalt (und das oft in doppelter Ausführung). Somit sind Hochzeitslisten aus der Mode gekommen. Meist schenken die Gäste dem Brautpaar nun Geld, das individuell ausgegeben werden kann.
Für all jene, denen diese Art des „Beschenktwerdens" zu unpersönlich oder unangenehm ist, habe ich eine nette Idee parat: Erstellen Sie eine (Excel-)Liste, auf der Sie zum Beispiel Ihre Hochzeitsreise in Einzelteile „zerlegen". Ihre Gäste können einen „Baustein" aussuchen und Ihnen zweckgebunden Geld schenken – oder im besten Fall schon vorab auf Ihr Konto überweisen. Es macht Sinn, diese Liste zur Koordination der Geschenke einer Vertrauensperson oder dem Weddingplanner zu übergeben.

Mein Tipp

Bieten Sie Geschenke in verschiedenen Preisklassen an, sodass für jeden Gast eine passende Option dabei ist.

Die modernere Variante einer Excel-Liste sind Onlinegeschenklisten, die im Internet angeboten werden. Ich empfehle Ihnen, einen Anbieter zu wählen, bei dem Ihre Gäste den Betrag direkt auf Ihr Konto überweisen, so haben Sie keine Abzüge und wissen, dass das Geld auch angekommen ist.

Folgende Infos sollten enthalten sein:

- Artikel
- Preis
- Gesehen bei ...
- Welcher Gast wird das schenken?
- Wer besorgt es? Oder wird das Geschenk an eine Adresse geliefert?

Ich favorisiere Onlinelisten. Die Vorteile liegen auf der Hand: Jeder Gast erhält einen Zugang (zum Beispiel mit der Einladung), kann gemütlich von überall aus ein Geschenk aussuchen und es meist gleich online bezahlen.

Beispiel Geschenkeliste

GESCHENKBAUSTEIN	ANZAHL	EINZEL-PREIS	GESAMT-PREIS	VERSCHENKT VON
Hochzeitsreise Afrika 1. Übernachtung	1	220,-	220,-	...
Hochzeitsreise Afrika 2. Übernachtung	1	220,-	220,-	
Hochzeitsreise Afrika 3. Übernachtung	1	220,-	220,-	
Hochzeitsreise Flugmeilen	2.000	2,-	4.000,-	
Hochzeitsreise Jungle-Dinner (1 Person)	2	85,-	170,-	
Hochzeitsreise Frühstück im Bett	2	30,-	60,-	
Hochzeitsreise Ausflug Nationalpark (1 Person)	2	150,-	300,-	
Hochzeitsreise Candle-Light-Dinner	2	70,-	140,-	
Hochzeitsreise Bootsausflug	2	50,-	100,-	
...	...	...	...	

Unser Platz für Ideen

love

Gastgeschenke

Es ist eine nette Geste, den Gästen beim Verabschieden ein kleines Andenken an die Hochzeit mitzugeben. Hier sind der Fantasie keine Grenzen gesetzt, passend ist, was gefällt.
Es gibt die Klassiker, wie zum Beispiel Hochzeitsmandeln, die für eine fruchtbare Ehe sorgen sollen, oder kreative Ideen, die sich etwa an das Motto der Hochzeit anlehnen.
Sinn ist es, die Hochzeit bei den Gästen noch länger in Erinnerung zu halten. So bietet es sich an, am Give-away die Namen des Brautpaars und das Hochzeitsdatum zu vermerken.

Hier ein paar Ideen:

- Magnet mit dem Gesicht des Brautpaars, wobei die „Köpfe“ verpackte essbare Mandeln sind (zum Beispiel in Papier oder ein Netz gewickelt)
- Dinkelkissen mit eingestickten Namen und Hochzeitsdatum
- Marmeladegläschen mit Etikett (zum Beispiel *Sweets for the Sweets)*
- Chiligläschen mit Etikett (zum Beispiel *Was Scharfes für danach)*

- Schokokugeln in der Box
- Mit Namen des Brautpaars, Hochzeitsdatum und einer Dankesbotschaft versehene Fotos, die vorab in der Fotobox vom jeweiligen Gast geschossen wurden.
- Hochzeitsbäckereien (Inspiration hierzu finden Sie im Buch *Burgenländische Hochzeitsbäckerinnen,* erschienen im Pichler Verlag.)

Specials für die Feier

Sie wollen Ihre Hochzeitsfeier in jeder Phase gestalten und unvergessen machen? Wie wäre es mit ein paar Specials? Einige davon sind sehr leicht einzubauen und umzusetzen:

- **Zeremonienmeister:** Er sorgt für den roten Faden während der Feierlichkeiten. Geschickt versteht er es, den nächsten Programmpunkt anzukündigen.
- **Künstler:** Ob Solomusiker, Kabarettist oder Magier, eine künstlerische Einlage peppt Ihr Fest bestimmt auf und Ihre Gäste werden sich noch lange an den Event erinnern. Achten Sie darauf, dass die jeweilige Darbietung zu Motto und Stil Ihrer Hochzeit passt. Zu viele Showeinlagen können jedoch mühsam für den Ablauf sein und die Feierfreude bremsen, beschränken Sie sich also auf ein bis zwei Einlagen.
- **Glückwunschkarten steigen lassen:** Ein beliebter Brauch ist es, (Post)Karten, auf denen Gäste Wünsche für die Zukunft des Brautpaars notiert haben, mit Luftballons steigen zu lassen. Wenn Sie Glück haben, findet jemand die Karte und wirft sie, wenn Ihre Adresse darauf vermerkt ist, in den nächsten Postkasten. Wer weiß, vielleicht bekommen Sie lange nach der Hochzeit noch Post ...
- **Feuerwerk:** Ein schönes Feuerwerk drückt die Gefühle des Ehepaars aus und ist ein eindrucksvolles Highlight. Klären Sie vorab mit der Location, ob ein Feuerwerk erlaubt ist (in der Stadt eher schwierig) bzw. welche Feuerwerkskörper benutzt werden dürfen.
- **Hochzeitsspiele:** Freunde bereiten gerne Spiele und Aufgaben für das Brautpaar vor, aber wie wäre es, wenn Sie den Spieß umdrehen (so Ihre Gäste dafür offen sind)? Veranstalten Sie zum Beispiel ein „Ich-wünsche-mir-was-Karaoke-Singen“, bei dem Ihnen Ihre Gäste Wunschlieder darbieten müssen.
- **Showtanz des frisch gebackenen Ehepaars:** Ein Showtanz erfreut sich immer größerer Beliebtheit auf modernen Hochzeiten. Hierzu studiert das Brautpaar eine Choreografie zu einem Song ein, die es vor den Gästen – meist zu deren Überraschung – performt. Zugegeben, das liegt nicht jedem, aber Sie müssen ja keine allzu schweren Schrittkombinationen einüben. Der Überraschungseffekt ist auf jeden Fall gegeben. Wichtig dabei ist, dass Sie als Paar eine Art Geschichte erzählen – mit Humor und Charme.

Mein Tipp

Lassen Sie vorab Kreuzworträtsel für die Gäste anfertigen, die diese ausfüllen, während Sie die Hochzeitsfotos aufnehmen. Die Fragen drehen sich natürlich rund um das Brautpaar, zum Beispiel wo Sie sich kennengelernt haben, wo der Antrag stattgefunden hat ... Als Gewinn können kleine Preise winken oder ein Tanz mit der Braut/dem Bräutigam.

Unser Platz für Ideen
zu Hochzeitsspecials

Etwas ganz Besonderes

Kinderbetreuung

Wenn Sie Ihre Hochzeit mit vielen Kindern feiern, kann es Sinn machen, eine professionelle Kinderbetreuung zu engagieren, sodass die Eltern zwischendurch Zeit haben, unbeschwert mit Ihnen zu feiern.
Falls Sie keinen externen Service buchen wollen, haben Sie vielleicht eine Bekannte (eventuell eine Empfehlung von einer Freundin, Ihrer Mutter ...), die Sie für diesen Zweck zu Ihrer Hochzeit laden. Diese Person sollte aber von Anfang an wissen, dass sie die Nanny sein wird! Bereiten Sie dann ein nettes Dankeschön-Geschenk für die liebevolle Betreuung der Youngsters vor.

Das sollten Sie vorab klären

Wie viele Kinder? ______________________________

Alter der Kinder ______________________________

Aufmerksamkeiten für die Kinder:

- [ ] Malutensilien
- [ ] Puppen
- [ ] Spielzeugautos
- [ ] Spielplatz vor Ort
- [ ] Sonstiges ______________________________

Kontaktdaten möglicher Nannys und Agenturen ______________________________

____

____

____

____

____

____

Transport

Kutsche, Stretchlimousine oder doch das originelle Chevy-Cabrio? Vielleicht sind Sie ja ein passionierter Easy Rider und holen Ihre Braut auf der Harley Davidson ab? Der Fantasie sind keine Grenzen gesetzt. Welche Transportmittel Sie wählen, hängt aber vom Stil der Hochzeit und natürlich meist von den (finanziellen) Möglichkeiten ab.

Diese und ähnliche Überlegungen können Ihnen am Hochzeitstag viel Ärger ersparen. Auch wenn Sie die nötigen Hochzeitstransporte mit Ihren Privatautos organisieren, sollten Sie sich einen Überblick verschaffen, wer wann wohin transportiert wird.

Mein Tipp

Berücksichtigen Sie, ob es die Zehnsitzer-Stretchlimousine wirklich über die engen Kurven zur Burg schafft und ob der gemietete Bus eine Parkgenehmigung in der Innenstadt erhält.

Transportmöglichkeiten

- Privater Pkw
- Kutsche
- Rikscha
- Stretchlimousine
- Straßenbahn
- Retro-VW-Bus
- Bus
- Fahrrad
- Vespa/Roller
- Harley Davidson
- Cabrio
- Limousine
- Taxi
- Lkw
- Traktor
- Oldtimer
- Sonstiges

Vergessen Sie nicht, den Transport Ihrer Gäste zu organisieren, falls die Location abseits der Straßen liegt oder Verwandte/Freunde nicht mit dem eigenen Auto zur Hochzeit kommen. In diesem Zusammenhang sollten Sie auf jeden Fall die Parkmöglichkeiten bei den verschiedenen Locations wie Kirche, Standesamt, Burg etc. abklären und nötigenfalls Parkgenehmigungen beim Besitzer oder der Gemeinde einholen.

Für Strecken innerhalb der Stadt eignen sich Taxis oder ein gemieteter Kleinbus sehr gut. So können Sie und Ihre Gäste ohne mühsame und zeitraubende Parkplatzsuche rasch von einem Ort des Geschehens zum anderen wechseln. Falls Sie eine Kutsche mieten und einen Autokonvoi planen, fragen Sie den Kutscher vorab, ob seine Pferde den Lärm der Hupen gewöhnt sind.

Apropos Konvoi: Bei der Reihenfolge der Autos bietet es sich an, dass ein Ortskundiger voranfährt, der den Weg zur Feierlocation gut kennt.

Mein Tipp

Lassen Sie sich von der Mietwagenfirma und/oder dem Chauffeur eine schriftliche Bestätigung über die Leistungen geben, die folgende Details enthält:

- Ort und Datum der Hochzeit
- Abhol- und Stehzeiten
- Beschreibung des Wagens und der Extras (Klimaanlage, Sektempfang ...)
- Erklärung über Versicherungen
- Definition der gewünschten Fahrtroute
- Festgesetzter/vereinbarter Preis inkl. Benzin
- Klarstellung, wer die Kosten übernimmt, falls der Chauffeur vor Ort übernachten muss
- Zahlungskonditionen (Anzahlung, Restzahlung ...)

Checkliste Gästetransport

Wie viele Plätze werden benötigt? ______________________

Wie viele Fahrzeuge stehen zur Verfügung? ______________________

Wer kann weitere Gäste mitnehmen? ______________________

Werden ein Bus, eine Straßenbahn oder Taxis gemietet? ______________________

Wer organisiert die Transporte vor Ort? ______________________

Wer dekoriert die Autos für den Konvoi? ______________________

Erstellung einer Fahrgemeinschaftsliste ______________________

Sonstiges ______________________

Checkliste Transport

	TRANSPORT DER BRAUT	KOSTEN
	Anfahrt Standesamt	
☐	Privater Pkw von ____________________	
☐	Oldtimer	
☐	Limousine	
☐	Kutsche	
☐	Taxi	
☐	Gemieteter Bus	
☐	Gemietete Straßenbahn	
☐	Sonstiges ____________________	
	Anfahrt Kirche	
☐	Privater Pkw von ____________________	
☐	Oldtimer	
☐	Limousine	
☐	Kutsche	
☐	Taxi	
☐	Gemieteter Bus	
☐	Gemietete Straßenbahn	
☐	Sonstiges ____________________	
	Anfahrt Feier	
☐	Privater Pkw von ____________________	
☐	Oldtimer	
☐	Limousine	
☐	Kutsche	
☐	Taxi	
☐	Gemieteter Bus	
☐	Gemietete Straßenbahn	
☐	Sonstiges ____________________	

	Fahrt von der Feier zum Hotel/nach Hause	
☐	Privater Pkw von ________________	
☐	Oldtimer	
☐	Limousine	
☐	Kutsche	
☐	Taxi	
☐	Sonstiges ________________	

	TRANSPORT DES BRÄUTIGAMS	KOSTEN
	Anfahrt Standesamt	
☐	Privater Pkw von ________________	
☐	Oldtimer	
☐	Limousine	
☐	Kutsche	
☐	Taxi	
☐	Gemieteter Bus	
☐	Gemietete Straßenbahn	
☐	Sonstiges ________________	
	Anfahrt Kirche	
☐	Privater Pkw von ________________	
☐	Oldtimer	
☐	Limousine	
☐	Kutsche	
☐	Taxi	
☐	Gemieteter Bus	
☐	Gemietete Straßenbahn	
☐	Sonstiges ________________	
	Anfahrt Feier & Fahrt von der Feier zum Hotel/nach Hause	
	➤ Siehe Checkliste für die Braut	

Unser Platz für Ideen

Kutsche
oder
Limousine?

Der Polterabend

Während die einen ganz auf die Ausrichtung eines Polterabends verzichten, feiern andere diesen entweder mit dem zukünftigen Partner oder den jeweiligen Freundinnen und Freunden besonders ausgiebig. Meist kümmern sich Freunde und Verwandte um die Organisation des Polterabends, daher möchte ich hier auf die verschiedenen Möglichkeiten (welche von einem gemütlichen Essen über eine Discotour bis hin zu Reisen in beliebte Städte reichen) nicht näher eingehen. Die Gestaltungsideen können schier endlos sein!
Für den Fall, dass Sie den Polterabend doch selbst organisieren, stelle ich Ihnen hier eine Checkliste zur Verfügung, die Ihnen bei der Rahmenorganisation dienlich sein kann.

Polterabend Braut

Budget ______________________________

Motto ______________________________

Stil ______________________________

Idee ______________________________

____

Ort/Location ______________________________

____

Gäste ______________________________

____

____

____

____

Transportmöglichkeit ______________________________

Essen ______________________________

____

Getränke ______________________________

____

Musik

Was wird benötigt

Polterabend Bräutigam

Budget

Motto

Stil

Idee

Ort/Location

Gäste

Transportmöglichkeit

Essen

Getränke

Musik

Was wird benötigt

Die Hochzeitsreise

Bevor wir zur konkreten Organisation der Zeremonie kommen, ist es an der Zeit, die Hochzeitsreise zu planen (falls Sie es nicht bereits früher gemacht haben). Ob im großen Stil oder als Wochenendtrip: Nach all der Aufregung (im positiven Sinne) haben Sie sich Erholung verdient!
Meist wählen die Brautpaare Destinationen, an denen sie noch nicht waren, die ausgefallen sind oder die sie schon immer einmal besuchen wollten. Ob Sie nun von einem Candle-Light-Dinner am Strand von Mauritius träumen oder sich auf ein Frühstück hoch oben in einem Wolkenkratzer mit Blick über New York freuen, bedenken Sie folgende Faustregel: Je weiter weg Sie fahren/fliegen, desto früher sollten Sie mit der Planung beginnen. Denn die Verfügbarkeiten und Angebotspreise mancher begehrter Destination sind oft schon lange im Voraus ausgebucht. Und bei exotischen Destinationen kann es sein, dass Sie entsprechende Schutzimpfungen benötigen, die in bestimmten zeitlichen Abständen zu erfolgen haben.
Bedenken Sie auch, dass Sie bei Überseereisen lieber einen Tag Puffer für einen Jetlag einplanen sollten, bevor Sie Ihr Ausflugsprogramm starten, sonst kann es passieren, dass Sie gleich am ersten Reisetag die Inselrundfahrt versäumen.

Mein Tipp

Wenn einer der Partner mit der Hochzeit seinen Nachnamen ändert, ist es ratsam, die Hochzeitsreise (vor allem das Flugticket) noch unter dem ledigen Namen zu buchen, da Sie, wenn die Reise unmittelbar nach der Hochzeit startet, noch keinen amtlichen Pass mit dem neuen Familiennamen haben werden. Falls Sie doch unter dem neuen Namen buchen, nehmen Sie unbedingt die Heiratsurkunde als Beweis mit!

Unsere perfekte Hochzeitsreise

- [ ] Romantik
- [ ] Action
- [ ] Am Meer
- [ ] In einer Stadt
- [ ] Am Berg
- [ ] Gutes Essen
- [ ] Kultur
- [ ] Warmes Klima
- [ ] Kühles Klima
- [ ] Abenteuer
- [ ] Flora und Fauna
- [ ] Partystimmung
- [ ] Sonstiges ____________________

Checkliste Hochzeitsreise

- [ ] Budget festlegen
- [ ] Ideen sammeln
- [ ] Urlaub beantragen
- [ ] Heiratsurkunde mitnehmen (unbedingt mitnehmen, wenn Sie bei der Eheschließung den Namen ändern)
- [ ] Haben Sie alle Impfungen?
- [ ] Reiseversicherung und Krankenversicherung
- [ ] Reiseunterlagen
- [ ] Eventuell nötiges Visum
- [ ] Gültiger Reisepass, eventuell Führerschein
- [ ] Kreditkarten
- [ ] Devisen
- [ ] Reiseapotheke
- [ ] Liste mit wichtigen Telefonnummern und Adressen (zum Beispiel Botschaft/Konsulat, Airline ...)

Unser Platz für Ideen

für die Hochzeitsreise

Mein Tipp

Kopieren Sie alle Unterlagen (Pass, Tickets, Hotelbestätigungen etc.) und verstauen Sie diese Kopien in einem Ihrer Reisegepäckstücke, falls die Handtasche mit allen Unterlagen verloren geht. Alternativ können Sie die Unterlagen einscannen und online abspeichern (Dropbox, E-Mail-Provider etc.).

Unsere
Traumziele
für den
Honeymoon

Der große Tag

Am Hochzeitstag

Gratulation – der große Tag ist gekommen! Heute werden all Ihre Träume und Wünsche hinsichtlich Ihrer Hochzeit erfüllt. Egal, ob Sie in kleinem Rahmen mit ein paar Leuten diesen Tag zelebrieren, vielleicht sogar in ein Flugzeug gestiegen sind und an einem tropischen Strand heiraten oder aber das große Familienfest organisiert haben, zu dem all Ihre Freunde und Verwandten geladen wurden, heute ist Ihr Tag ... Genießen Sie jeden Moment, versuchen Sie Augenblicke abzuspeichern, nichts zu überhasten, es nicht jedem recht machen zu wollen und einen unbeschwerten Tag zu verbringen.
Um Nerven zu sparen, füllen Sie die Checklisten aus und halten Sie sich möglichst an diese. Es gibt für die Braut nichts Nervigeres, als sich ständig fragen zu müssen: Wann kommt die Visagistin? Wann fahre ich zur Kirche? Ist die Location dekoriert? Wer kümmert sich um die Betreuung der Gäste? Sie sind ja nicht vor Ort, um das zu übernehmen ...
Auch wenn all diese und viele Fragen gut geklärt und organisiert sind, empfehle ich Ihnen: Lassen Sie die Checkliste im Brauttascherl. Im besten Fall haben Sie einen Weddingplanner oder eine Person, die vor Ort alles checkt und Sie auf dem Laufenden hält, aber – glauben Sie mir – viele Bräute hatten am Hochzeitstag Gedächtnisschwund vor Aufregung. Da ist dieser kleine feine Zettel in der Handtasche sehr praktisch ... Und wenn Sie den Punkt erreicht haben, an dem Sie völlig entspannt sind (wann immer das sein mag), zerreißen Sie den Zettel, denn nun ist Ihnen total egal, wann was stattfindet ... und das ist gut so!

Mein Tipp

Bereiten Sie einige Ein- und Zwei-Euro-Münzen vor, die Sie oder der Weddingplanner, die zuständige Person vor Ort oder ein Trauzeuge parat halten. So haben Sie immer ein kleines Trinkgeld für Lieferanten, die Kirchenkollekte oder den Parkservice griffbereit.

Letzter Check am Vorabend der Hochzeit

- Ringe einpacken
- Handtasche der Braut vorbereiten
- Hochzeitsgarderobe und Accessoires bereitlegen
- Personalausweis mitnehmen
- Bei kirchlicher Hochzeit: Heiratsurkunde vom Standesamt mitnehmen
- Münzen für Trinkgeld einpacken
- Köfferchen für die Hochzeitsnacht packen (inkl. Zahnbürste)
- Zeitplan und Telefonnummernliste mitnehmen
- Nerven bewahren
- Kein übermäßiger Alkoholkonsum am Vorabend der Hochzeit!
- Zeitig schlafen gehen und Wecker stellen
- Glücklich sein und sich freuen ☺

Ablaufplan Hochzeitstag Braut

Aufenthaltsort Nacht vor der Hochzeit

Aufstehen um .... Uhr

Friseur um .... Uhr

Adresse Friseur

Visagistin um .... Uhr

Adresse Visagistin

Brautkleid anziehen um .... Uhr

Brautfahrzeug kommt um .... Uhr

Autoschmuck anbringen um .... Uhr

Abfahrt um .... Uhr

Dauer der Fahrt

Zieladresse

Sind Baustellen am Weg?

Wer fährt mit der Braut?

Geplante Ankunftszeit am Trauungsort um .... Uhr

Wo steigt die Braut aus (genug Platz)?

Handtasche der Braut, bestückt mit:

- Lippenstift/Lipgloss, Gesichtspuder
- Taschentuch
- Ersatzstrümpfe
- Fleckenspray
- Nähzeug und Sicherheitsnadel
- Ersatzfingernagel in der Farbe des Hochzeitsnagellooks
- Deo, Parfum
- Aspirin, Schmerztablette
- Eventuell Tampons und Binden

Falls Ihre Handtasche zu klein ist, packen Sie die Utensilien in ein kleines verschließbares Täschchen und geben Sie es Ihrer Trauzeugin in Obhut. **Regenschirm nicht vergessen!**

Ablaufplan Hochzeitstag Bräutigam

Aufenthaltsort Nacht vor der Hochzeit ______________________________

____

Aufstehen um ...... Uhr

Friseur um .... Uhr

Adresse Friseur ______________________________

____

Anzug anziehen um ....Uhr

Fahrzeug kommt um .... Uhr

Autoschmuck anbringen um .... Uhr

Abfahrt um .... Uhr

Dauer der Fahrt ______________________________

Zieladresse ______________________________

____

Sind Baustellen am Weg? ______________________________

Wer fährt mit dem Bräutigam? ______________________________

Geplante Ankunftszeit am Trauungsort um .... Uhr ______________________________

Regenschirm mitnehmen! Eheringe mitnehmen!

Koordination der Hochzeit vor Ort

Glauben Sie mir, kein Brautpaar schafft es ohne Stress, die Hochzeit und alle Feierlichkeiten am Hochzeitstag selbst zu managen – das ist auch nicht Ihre Aufgabe! Egal, ob Sie eine kleine kuschelige Hochzeit feiern oder ein riesiges Fest mit Familie und Freunden, es ist immer ratsam, eine Person vor Ort zu haben, die diverse Dinge koordiniert und Ansprechpartner für die Gäste, deren Fragen und Wünsche ist. Wir haben alle noch Jennifer Lopez vor Augen, wie sie im Film als smarte Weddingplannerin jede Hochzeit im Griff hatte und so manchem Gast den Kopf verdrehte ...

Natürlich eignet sich ein Weddingplanner (siehe Seite 168) perfekt, um alles zu koordinieren, denn der Profi kennt die Abläufe, hat vorab alles gecheckt und organisiert. Vor allem aber ist er oder sie als außenstehende Person gefühlsmäßig

nicht so stark involviert, sodass nicht vor lauter Aufregung Details vergessen werden.

Erlaubt Ihr Budget die Beauftragung eines Profis nicht, rate ich Ihnen, eine Freundin/einen Freund oder eine Verwandte/einen Verwandten ins Boot zu holen, der/die organisatorisch begabt ist und zu der/dem Sie Vertrauen haben.

Details und Aufgaben

Zuständige Person & Kontaktdaten ______________________

____

____

Anwesend ab .... Uhr

To-dos

- ☐ Letzte Besprechung mit dem Standesbeamten/Pfarrer
- ☐ Location dekorieren
- ☐ Kirchenhefte verteilen
- ☐ Künstler und Musiker empfangen und betreuen
- ☐ Gäste und Sitzeinteilung betreuen
- ☐ Kontakt zu Brautauto-Fahrer halten, um die Ankunft zu koordinieren
- ☐ Fotograf und Videograf einweisen
- ☐ Musik koordinieren
- ☐ Bräutigam an der Location in Empfang nehmen
- ☐ Braut in Empfang nehmen, beruhigen und gut zureden
- ☐ Einzug koordinieren (Blumenkinder, Ringträger, Eltern, Pfarrer, Braut ...)
- ☐ Sonstiges ______________________________

Die Zeremonie

Jetzt gehts ans Eingemachte: die Planung der Zeremonie für den Hochzeitstag. Aber keine Angst, mit der richtigen Vorbereitung geht alles gut! Kreuzen Sie hier vorab an, was Sie in die Zeremonie einbauen wollen und was organisiert werden muss:

- [ ] Kirchenheft
- [ ] Treueversprechen
- [ ] Lesungen
- [ ] Fürbitten
- [ ] Ansprachen
- [ ] Texte
- [ ] Trauung im Internet
- [ ] Aufstellung Einzug: Wer nach wem mit wem?
- [ ] Sitzordnung Standesamt
- [ ] Sitzordnung Kirche
- [ ] Musik: Was/wann durch wen?
- [ ] _Einzug
- [ ] _Begrüßung
- [ ] _Vorbereitung Trauung
- [ ] _Treueversprechen
- [ ] _Unterschrift
- [ ] _Dankeslied
- [ ] _Auszug
- [ ] Reis/Konfetti (Darf das vor Ort verstreut werden?)
- [ ] Sonstiges ____________________

Unser Platz für Ideen

zur Planung der Zeremonie

Ja!

Ablauf Einzug Standesamt

Am Standesamt ist es meist üblich, dass das Brautpaar gemeinsam eintritt. Falls Sie einen anderen Einzug und Ablauf wünschen, notieren Sie die Details auf Seite 160 und besprechen Sie diese mit Ihrem Standesbeamten.

Einige Ideen zum Einzug

- ☐ Brautpaar zieht gemeinsam ein
- ☐ Braut wird vom Vater geführt
- ☐ Braut zieht alleine ein
- ☐ Blumenkind(er)
- ☐ Ringträger
- ☐ Musiktitel während des Einzugs ______________________________

Mein Tipp

Sind Sie ein kreatives, außergewöhnliches Paar, das gerne mal „Dinge anders macht"? Überraschen Sie Ihre Gäste mit einer Art Flashmob-Einzug, bei dem Sie tanzend und vielleicht singend einziehen … Ideen dazu gibt es auf YouTube.

Ablauf Einzug Kirche

„Hier kommt die Braut ..." Ach wie wunderbar, wenn alle ihre Plätze eingenommen haben, der Bräutigam nervös am Altar wartet und sich endlich das Kirchentor öffnet. Elegant schreitet die Braut – vielleicht sogar zum Hochzeitsmarsch – den Gang entlang. Vielleicht trägt sie ein weites Tüllkleid, das bei jedem Schritt sanft zum Takt der Musik schwingt, vielleicht ein klassisches schmales Spitzenkleid mit anmutigem Schleier, der bis zum Boden reicht ... Wie auch immer, der Anblick ist atemberaubend und einzigartig.

Klassischerweise wird die Braut von Ihrem Vater oder einem anderen männlichen Verwandten geführt, allerdings wird das heutzutage nicht mehr so eng gesehen. Manchmal führt die Mutter die Braut, manchmal kommt sie alleine. Damit dieser oft tränenreiche Akt reibungslos vonstattengeht, notieren Sie Ihre Ideen und Wünsche, wie dieser Einzug ablaufen soll, und besprechen Sie alle Details mit dem Pfarrer.

Einige Ideen

- [ ] Braut wird vom Vater geführt
- [ ] Braut und Bräutigam ziehen gemeinsam ein
- [ ] Braut schreitet alleine zum Altar
- [ ] Blumenkind(er)
- [ ] Ringträger
- [ ] Brautjungfern
- [ ] Eltern
- [ ] Ministranten
- [ ] Pfarrer zieht ein/steht schon am Altar
- [ ] Musiktitel während des Einzugs ______________________________
- [ ] ______________________________
- [ ] ______________________________

INRI

Unser Platz für Ideen
zu Standesamt und Kirche

Unser
großer
Tag

Nach der Trauung

Sagt der Standesbeamte oder Pfarrer die erlösenden Worte „Und hiermit erkläre ich Sie zu Mann und Frau“, geht die feierliche Stimmung oft tumultartig in Standing Ovations und Applaus über. Meist gleichen die Momente nach dem Hochzeitskuss einer Zusammenkunft quirliger Ameisenstaaten. Es wird gratuliert und geweint, Geschenke werden überreicht, zwischendurch stößt man mit einem Glaserl Sekt an ... Die Zeit vergeht plötzlich wie im Flug! Spätestens zu diesem Zeitpunkt brauchen Sie eine verantwortliche Person – Weddingplanner oder Vertraute/r –, der/die die Zügel bzw. die Checkliste in der Hand hat und Folgendes koordiniert:

Wichtige Details

- [ ] Wo wird das Gruppenbild aufgenommen?

  ____

- [ ] Wie geht die Abfahrt zur Location vonstatten? Wer fährt mit wem/wann?

  ____

- [ ] Wer führt den Hochzeitskonvoi an und wann werden sich alle zur Abfahrt versammeln?

  ____

- [ ] Ist alles für den Sektempfang vorbereitet?

  ____

- [ ] Wird die Dekoration (die Blumen) zur Location mitgenommen? Wer macht das?

  ____

Klären Sie vorab folgende Punkte

- [ ] Parkplätze vorhanden? (Eventuell vorher reservieren?)
- [ ] Weiter Gehweg: Schaffen das alle Gäste?
- [ ] Regen- bzw. Sonnenschirme bereithalten und ggf. anbieten
- [ ] Bei Outdoortrauung/-feier: Regenplanung!!!

Das Fest

Gratulation, jetzt können Sie entspannt Ihr Hochzeitsfest genießen. Sie haben bereits einen Zeitplan erstellt, sodass keine großen Lücken entstehen oder Ihre Gäste sich langweilen. An die Kinderbetreuung ist gedacht, das Menü ist bestellt und die Musik engagiert. Hier einige Ideen, mit denen Sie Ihr Fest garnieren können:

- **Brautstrauß werfen:** Ein Fixpunkt auf jeder Hochzeit ist, wenn die Braut den Brautstrauß rückwärts den versammelten Singledamen zuwirft. Die Tradition besagt, dass die Fängerin die nächste Braut sein wird.
- **Torte anschneiden:** Die Hochzeitstorte ist nicht nur ein köstliches Geschmackserlebnis: Wer beim Anschnitt der Torte die Hand obenauf hat ...

- **Strumpfband versteigern:** Das Pendant zum Brautstraußwerfen ist das Versteigern des Strumpfbandes unter den männlichen Singles. Der Bräutigam holt sich das Strumpfband zuvor vom Bein der Braut.
- **Hochzeitsspiele:** Es ist Geschmackssache, ob Sie Hochzeitsspiele veranstalten. Manchmal bereiten auch die Freunde etwas vor. Falls es Sie nicht zu viel Überwindung kostet, rate ich Ihnen, mitzumachen, wer weiß, vielleicht macht es ja doch Spaß!
- **Brauttanz:** Der erste Tanz des Abends gehört dem Brautpaar. Klassischerweise wird ein Walzer getanzt, aber auch gegen ein modernes Lied ist natürlich nichts einzuwenden.
- **Specials:** Tja, was immer Ihnen zur Gestaltung Ihrer Hochzeit einfällt, tun Sie es! Denn Sie werden diesen Tag nie wieder erleben, also ...!

Nach der Hochzeit

Mein Tipp

Schön ist es, wenn das Brautpaar als Erstes die Feier verlässt/abfährt und von allen verabschiedet wird (zum Beispiel mit musikalischer Untermalung, Dosen am Auto etc.). Die Hochzeitsnacht sollten Sie unbedingt extern – nicht zu Hause – genießen!

Herzliche Gratulation, Mr & Mrs ... Spüren Sie es schon? Ich finde, es macht sehr wohl einen Unterschied, ob man verheiratet ist oder nicht. Die einen fühlen sich stolz, die anderen sicherer, vielleicht fühlen Sie sich einfach glücklicher... Dieses Glück können Sie in Form von Dankeskarten an Ihre Gäste mit diesen teilen.

Das ist noch zu erledigen

- [ ] Nehmen Sie die Geschenkeliste zur Hand, um zu sehen, wer was geschenkt hat, und nehmen Sie in der Dankespost Bezug darauf.
- [ ] Versenden Sie das Hochzeitsfoto oder einen Link zur Fotosammlung an Ihre Gäste.
- [ ] Lassen Sie Ihre Namensänderungen vornehmen.
- [ ] Geben Sie etwaige Adressänderungen bekannt (Versicherungen, Autozulassung, Ausweise, Pass, Führerschein, Bank ...).
- [ ] Aktualisieren Sie das Namensschild an der Türe.

Wir haben uns getraut!

Just married!
Вместе навсегда
JUST
MARRIED

Anhang

Weddingplanner

Falls Sie zu den Brautpaaren gehören, die dieses Buch wie ein Schwamm aufgesaugt haben und sich viele (oder gar alle) Tipps zu Herzen nehmen, werden Sie wahrscheinlich auf einen Weddingplanner verzichten können. Viele Locations haben einen Eventmanager im Haus, der sich um alle Abläufe kümmert. Wenn nicht, empfehle ich Ihnen, eine Person Ihres Vertrauens für den großen Tag in die Organisation einzubinden, sonst sind Sie es, die/der auf der eigenen Hochzeit koordiniert und herumläuft, was nicht im Sinne des Erfinders ist.
Sehen Sie sich trotz dieses Ratgebers zeitlich und organisatorisch überfordert, die Hochzeit in dem Ausmaß zu planen, wie Sie sich das vorstellen? Dann ist es vielleicht sinnvoll, einen Weddingplanner zu beauftragen. Auch wenn sich Freundinnen und Verwandte anbieten, bei der Hochzeit Aufgaben zu übernehmen, sollten Sie Ihre Gäste nicht damit überstrapazieren, denn immerhin sollen am großen Tag alle anwesenden Personen die Hochzeit genießen können.

Der Service des Weddingplanners

Manche Brautpaare mögen es befremdlich finden, eine außenstehende Person als Koordinator bei ihrer Hochzeit dabei zu haben, andere schätzen es, wenn es jemanden gibt, der alle Zügel in der Hand hat. An Ihrem großen Tag möchten Sie sicher das Gefühl haben, dass alles glatt läuft. Sie werden ihn besser genießen können, denn Sie wissen, dass sich ein Profi vertrauensvoll um all die kleinen Details kümmert.
Wenn Sie sich als Brautpaar an einen Weddingplanner wenden, sollte Ihnen dieser ein kostenloses Erstgespräch anbieten. So können Sie sich unverbindlich kennenlernen und schon vor dem Auftrag erste Ideen besprechen. Ich finde das sehr wichtig, denn ein Weddingplanner (oder natürlich eine Weddingplannerin) begleitet das Paar über einen längeren Zeitraum, ist immer wieder mit ihm in Kontakt und nimmt letztlich die Position als Betreuer, Berater, Organisator, Taschentuch-Bereithalter, Brautkleidberater, Texter, Koordinator, Ideenfinder, ja fast die eines Freundes bzw. einer Freundin ein. Und dabei sollte die Chemie passen! Beim Erstgespräch sollte sich der Weddingplanner also viel Zeit nehmen, um Ihre Wünsche hinsichtlich Ihrer Traumhochzeit zu erfahren. Manchmal gehen die Hochzeitsvorstellungen mit dem Budget nicht einher, aber ein erfahrener Weddingplanner kann dem Paar meist gute Alternativen vorschlagen.
Wie viel der Weddingplanner letztlich für Sie macht (Termine vereinbaren, Caterer, Location, Druckerei, Gästeempfang, Plätze zuweisen, Musiker koordinieren ...) entscheiden Sie! Die Kosten für den Service werden auf zwei Arten festgesetzt: entweder mittels Prozentsatz der angefallenen Kosten (der organisierten Fremdleistungen) oder in Form von Pauschalpaketen. Ich empfehle Ihnen, Pakete zu buchen, denn so wissen Sie von Anfang an, wie viel Ihr Weddingplanner kostet, und es gibt keine bösen Überraschungen! Auch wenn der Service in Ihren Augen viel Geld kostet, sollten Sie bedenken, dass Ihnen ein Weddingplanner Rabatte und Vorteile vermitteln kann, durch die sich das Honorar leicht wieder einspielen lässt.

Mein Weddingplanner

Brautmodengeschäfte

Wien

Bipone Couture Atelier für Brautkleider
Zedlitzgasse 11
1010 Wien
www.bipone.com

fine dress gmbh – Salon für Braut und Abendkleider
Schwarzenbergstraße 1–3
1010 Wien
www.finedress.at

Flossmann
Riemergasse 11
1010 Wien
www.flossmann.at

Mel Gri
Himmelpfortgasse 20
1010 Wien
www.melgri.com

Steinecker – Hochzeitshaus Wien
Opernring 4
1010 Wien
www.steinecker.at

Tauf- und Hochzeitsshop
Große Stadtgutgasse 26
1020 Wien
www.hochzeitsshop.at

Hochzeitsträumerei – Brautmode & Weddingplanning by Sandra Abid
Apostelgasse 17
1030 Wien
www.hochzeitstraeumerei.at

Lia Brautmoden
Fasangasse 12
1030 Wien
www.lia-brautmoden.at

Sposa
Landstraßer Hauptstraße 90
1030 Wien
www.sposa-vienna.at

Elfenkleid Braut- und Abendmode
Margaretenstraße 39/3–4
1040 Wien
www.elfenkleid.com

Mona Lisa
Mariahilfer Gürtel 28
1060 Wien
www.monalisa.at

Cindarella Brautmoden Atelier 7
Neubaugasse 2
1070 Wien
www.cinderella-brautmoden.at

Wedding Center Wien
Lerchenfelderstraße 54
1080 Wien
www.weddingcenter.at

Marryland Brautmode e. U.
Nußdorfer Straße 35
1090 Wien
www.marryland.at

Orchidee Mode
Rotenlöwengasse 22
1090 Wien
www.orchidee-mode.at

Sweet Ball- und Brautmoden
Viktor-Adler-Platz 7
1100 Wien
www.sweet-brautmoden.at

Vondru
Sonnenfelsgasse 13
1010 Wien
www.vondru.at

Brautcouture Ingrid Beran
Simmeringer Hauptstraße 36/2
1110 Wien
www.brautcouture.at

Mathu Modewerkstatt
Maxingstraße 11
1130 Wien
www.mathu.at

Goldene Naht Atelier
Zehetnergasse 15
1140 Wien
www.goldene-naht.co.at

Brautmode Stern
Mariahilfer Straße 163
1150 Wien
www.brautmodestern.at

Heyday OG
Sechshauserstraße 118/EG 2–3
1150 Wien
www.heyday-vienna.com

Babylon Brautmoden Outlet
Lerchenfelder Gürtel 51
1160 Wien
www.babylonoutlet.at

Braut- und Abendmode Benevente
Wagramerstraße 118/5
1220 Wien
www.benevente.at

Niederösterreich

Kallia Braut und Ballkleider
Hauptstraße 45
2230 Gänserndorf
www.brautmodevenus.at

mimitolu – Brautmode aus 2. Hand
Brunnengasse 64
2241 Schönkirchen-Reyersdorf
www.mimitolu.at

Trendhochzeiter
Strandstraße 107
2331 Vösendorf
www.trendhochzeiter.at

edelcorner KG
Schrannenplatz 2/7a
2340 Mödling
www.edelcorner.at

BLAUE LAGUNE MODELLE – Modedesignerin Alena Svobodova-Gradinger
Wienerstraße 6
2410 Hainburg an der Donau
www.blauelagunemodelle.at

HOFER BRAUTMODEN – Anita Pazderka
Hauptplatz 2
2460 Bruck an der Leitha
www.brautmoden-hofer.at

Prinzessin – Braut u. Abendmode
Hauptstraße 9
2603 Felixdorf
www.prinzessin-mode.at

Linzer Heide Maßschneiderei
Salcherstraße 87
3104 Sankt Pölten

Westermayer Irene
Pastelligasse 10
3131 Walpersdorf

Brautsalon – Second-Hand-Shop
Ybbsstraße 33
3300 Amstetten
www.unida.at

Boutique Berner
Pragerstraße 7
3580 Horn
www.mode-berner.at

Burgenland

VALENTIN's Rust – Niki Lechner-Lackner
Conradplatz 9
7071 Rust
www.valentin-s.at

Oberösterreich

Miky's Mode – Ball- und Brautkleiderverleih
Nummer 8
3830 Puch

harry+sally
Bürgerstraße 6
4020 Linz
www.harryundsally.at

Kostümverleih Windner GmbH
Hauptplatz 15
4020 Linz
www.costume.at

Lia Brautmoden
Mozartstraße 23
4020 Linz
www.lia-brautmoden.at

Cutti – Internationale Festmode
Hauptstraße 9
4040 Linz
www.cutti.at

Mein Tag Mode
Westbahnstraße 8b
4482 Ennsdorf
www.mein-tag.at

Brautmoden Sissi
Rudolf-Kolbitsch-Straße 10
4600 Wels
www.brautmoden-sissi.at

Hänsel & Gretel
Lindenthalstraße 1
4623 Gunskirchen
www.haenselundgretel.at

White Lady
Badhöring 34
4782 Sankt Florian am Inn
www.white-lady.at

Brautsalon Timelkam
Handel-Mazzetti-Straße 5
4850 Timelkam
www.brautsalon-timelkam.at

BRAUT Studio Design – Fertigung – Verleih
Sankt Ulrich 4
5211 Friedburg

Steiermark

Yes Braut- und Abendmode
Bürgergasse 11
8010 Graz

Zhanna Braut- und Abendmode
Laboratoriumstraße 49
8053 Graz

Steinecker – Hochzeitshaus Graz
Weblinger Gürtel 20
8054 Graz
www.steinecker.at

Toni's Braut- und Maturakleiderverleih
Triester Straße 153
8073 Feldkirchen bei Graz

Söls Brautkleider-Vermietung
Nummer 84
8081 Liebensdorf

Brautsalon Erni
Stelzhammergasse 13
8160 Weiz
www.brautsalon-erni.at

Mia Donna Hochzeits-Studio
Bahnhofstraße 3
8190 Birkfeld
www.miadonna.at

Der Brautsalon – Gleisdorf
Bürgergasse 24
8200 Gleisdorf
www.brautsalon-gleisdorf.at

Modehaus Kopp
Michaeligasse 4
8230 Hartberg
www.kopp-moden.at

Hilde & Hilde Brautmoden KG
Hauptplatz 6
8243 Pinggau
www.brautkleider.at

SANELA Brautmoden OG
Dorfplatz 24
8302 Nestelbach bei Graz
www.sanela.at

Brautmoden Modehaus Hufnagl
Grazer Straße 84
8344 Bad Gleichenberg
www.brautmoden.at

Brautmode und Kleider Edegger
Frauentaler Straße 16
8530 Deutschlandsberg
www.edegger.at

Hochzeitshaus Neuböck
Hauptstraße 38
8742 Obdach
www.neuboeck-moden.at

Kärnten

Brautsalon Klagenfurt – Sabine Türk-Kritzler
Ursulinengasse 4
9020 Klagenfurt am Wörthersee
www.brautsalon.at

Brautsalon Tilly von Herrnstein
Völkermarkter Straße 62
9020 Klagenfurt am Wörthersee
www.luxusbraut.at

Hochzeitssalon Jereb
Carolinenstraße 8
9073 Klagenfurt am Wörthersee
www.hochzeitssalon.at

Biljana Malle Hochzeitsstudio
Hauptstraße 121
9201 Krumpendorf am Wörthersee
www.hochzeitsstudio-malle.at

Braut- & Polonaisekleider Heidemarie Kruger
Märzstraße 8
9300 Sankt Veit an der Glan

Doren Design – Hochzeits- und Festtagsmode
Klagenfurter Straße 70
9431 Sankt Stefan im Lavanttal
www.doren-design.at

Brautgeflüster
Vassacher Straße 65
9500 Villach
www.brautgefluester.at

Brautmode Wolke7 Second Hand Brautmode
Hauptpl. 11/Ankershofengasse
9500 Villach
www.wolke7-villach.com

MissKyra Brautmode
Freihausplatz 1, 9500 Villach
www.misskyrabrautmode.com

Studio Braut
Kaigasse 4
9500 Villach
www.studiobraut.com

Your Dress Brautkleid Hochzeitskleid
Bichlweg 6
9500 Villach
www.yourdress.at

Katholnig GmbH, Event- & Hochzeitsmode
Mühlenweg 4–7
9521 Treffen am Ossiacher See
www.katholnig.at

Angies's Brautmoden – Angelika Schwilk
Nummer 18
9620 Mitschig

Salzburg

Asya Gold & Herrenmode
Rainerstraße 24
5020 Salzburg
www.asyamodeasyagold.com

Brautsalon Traut Euch
Rudolf-Biebl-Straße 43
5020 Salzburg
www.trauteuch.at

Das Kleid Salzburg
Ernest-Thun-Straße 12
5020 Salzburg
www.daskleidsalzburg.at

Steinecker – Hochzeitshaus Salzburg
Vogelweiderstraße 44b
5020 Salzburg
www.steinecker.at

Kostümverleih Windner GmbH
Bergstraße 16
5020 Salzburg
www.costume.at

Sabine's Nähstube – Sabine Aigner
Kirchstättstraße 21
5162 Obertrum am See
www.sabines-naehstube.at

Burgis Brautmoden
Dr.-Hans-Liebherr-Straße 17
5500 Bischofshofen
www.burgis-brautmoden.at

Tirol

Heichlinger Gerhard
Burggraben 7–9
6020 Innsbruck

Le Chat Ball- und Brautmoden Innsbruck
Bürgerstraße 10
6020 Innsbruck
www.le-chat.at

Lunardi Cerimonia – Hochzeitsmoden für Sie & Ihn
Maria-Theresien-Straße 18
6020 Innsbruck
www.lunardi.at

Brautmode in Rinn
Dorfstraße 5
6074 Rinn
www.brautmode-in-rinn.at

Brautline! Helga Windisch
Sankt Margarethen 103
6220 Buch in Tirol
www.brautline.at

Le Chat Ball- und Brautmoden in Wörgl
Speckbacherstraße 19
6300 Wörgl
www.le-chat.at

BrautRaum – Vermittlungsagentur für gebrauchte Brautkleider
Wiesenweg 1
6402 Hatting
www.brautraum.at

Brautmoden Tirol Dagmar Melmer
Obermieming 179a
6414 Mieming
www.brautmoden-tirol.at

Modezentrum Wammes GmbH & Co KG
Bahnhofplatz 6
6430 Ötztal-Bahnhof
www.wammes.at

Brautmoden Christine
Stadtgraben 1
6682 Vils
www.brautmoden-christine.at

Vorarlberg

Brautmode Vorarlberg
Marktstraße 22
6850 Dornbirn
www.brautmodevorarlberg.at

Lunardi Cerimonia – Hochzeitsmoden für Sie & Ihn
Marktstraße 30
6850 Dornbirn
www.lunardi.at

Brautkleiderverleih Rynda Sieglinde
Grenzweg 10
6800 Feldkirch

Si Brautmode – Sönmez Ilknur
Kaiser-Franz-Josef-Straße 49
6845 Hohenems
www.si-brautmode.at

Mein Brautkleid

Brautsalon meiner Wahl

____

____

Praktische Informationen
zu Standesämtern etc.

- Umfassende Informationen zum Thema **Heiraten in Österreich** (zum Beispiel Anmeldung zur Eheschließung, benötigte Dokumente, Eingetragene Partnerschaft etc.): www.help.gv.at ➤ „Familie und Partnerschaft" ➤ „Heirat"
- Liste aller Standesämter und Standesbeamten in Österreich: www.standesbeamte.at
- Information zu externen Locations für Ihre „Traumhochzeit" in Wien: www.wien.gv.at/verwaltung/personenwesen/ehe/traumhochzeit/

  Die Hochzeiten an den schönsten Plätzen Wiens finden grundsätzlich nach Rücksprache mit dem Traumhochzeitsreferat statt (Montag, Dienstag, Mittwoch und Freitag um 16 und 18 Uhr, Samstag um 10, 12 oder 14 Uhr; an Feiertagen, am Karfreitag, am Heiligen Abend und zu Silvester finden keine externen Hochzeiten statt).
- Adressen für externe Trauungen in den Bundesländern erhalten Sie am jeweiligen Standesamt.
- Umfassende Informationen zum Thema **Heiraten in Deutschland:** www.standesamt.com, www.hochzeit-mein-standesamt.de
- Tipps zu Bräuchen und Spielen: www.wirheiraten.at

Ein großes Dankeschön gilt den Hochzeitsfotografen Mathias Lenz und Joe Wehrl, die viele wunderbare Fotos zur Verfügung gestellt haben. Mein spezieller Dank geht auch an Multitalent Hannes Steinherr, der einige Models und mich ins rechte Licht gesetzt hat. Ich freue mich auf die nächsten Shootings mit Euch!

BILDNACHWEIS: *fotolia.com:* 1, 119 d'Naya; 2 MoustacheGirl; 6, 7, 19, 55 o. r., 55 u. l., 111 u., 113, 139, 153, 164 bildschoenes; 9 maddyz; 20, 57 o., 100 Africa Studio; 23 gonzalocalle; 26 Igor Toker; 27 doris oberfrank-list; 30, 159 MNStudio; 33 o. l. StefanieB.; 33 o. r. racamani; 33 u. l. Stefan Redel; 33 u. r. Sunnydays; 34 archikatia; 35 Kristin Gründler; 39 Nastasia Froloff; 41, 58 o., 64 ilfotokunst; 45, 56, 57 u., 61 o., 63, 85, 146 popovich22; 47, 79, 165 u. l. massimhokuto; 47 Rahmen Alena Ozerova; 50 o. kireewongfoto; 50 u. pupae; 53 o., 85 1. Jesser; 55 o. l. freudelachenliebe; 55 m. l. JM Fotografie; 55 m. r. bildstoeckchen; 55 u. r. sakisafu.de; 58 u. l. Lenslife; 58 u. r. Calado; 59 muh23; 66 karepa; 69 r., 71 u., wideonet; 69 o., 71 o. artvision-company.ru; 75 o. l., 96 o. l. www.jh-photo.de; 80 nuzza11; 81, 154 o. lulu; 84, 157 vpardi; 85 3. franky2010; 85 4. Esther Wagner; 89 o. lina_aster; 89 u. Miramiska; 91, 101 o. laur7410; 94 Berchtesgaden; 95 o., 97 jörn buchheim; 95 u., 96 shchus; 97 BillionPhotos.com; 98 o. l. ramonag; 98 o. r. kucheruk; 98 u. l. scheckmedia; 98 u. r. WavebreakMediaMicro; 101 u. illustrissima; 102 iStock.com; 107 Silvia Neumann; 110, 114 l. cohelia; 121 Becker; 130 o. Brigitte Bonaposta; 131 КИРИЛЛ РЫЖОВ; 134 DoraZett; 135, 136 l. romy mitterlechner; 136 r. Lucky Dragon; 142, 158, 166 LElik83; 143 Unclesam; 148 elitravo; 149 Maria Sbytova; 152 o., 156 r. Kzenon; 152 u. digidreamgrafix; 154 u. Daniele Depascale; 156 l. rotschwarzdesign; 161 Gatteriya; 163 o. seanlockephotography; 163 u. Frank F. Haub; 165 o. l. Distrikt3; 165 o. r. nataglotova; 165 u. r. dola710; div. Schmuckelemente.
Hochzeitsträumerei/Hannes Steinherr: 8, 73 o., 73 u., 74 o., 74 u., 75 o. r., 75 m. l., 75 u. l., 75 u. r., 77, 78, 82 u., 90.
Hochzeitsträumerei/Joe Wehrl: 75 m. r. *Mathias Lenz:* 69 l., 82 o., 83, 88, 93, 145.
pitopia.de: 24 o., 116 Daniela Stärk; 111 o. Christine Langer-Püschel; 175 Christoph Haehnel. *pixabay.com:* 104 l.
Michael Rathmayer: 130 u. *Maria Schuster:* div. Hintergrundbilder, Schmuckelemente; 3, 4, 5, 24 u., 36, 46, 52, 53 u., 54, 60, 61 u., 65, 67, 104 r., 108, 121, 130 u. r., 158.

Im Sinne der bestmöglichen Lesbarkeit schließt die Verwendung der männlichen Form stets auch Frauen mit ein.

ISBN 978-3-85431-724-1

styria

Wien – Graz – Klagenfurt

Bücher aus der Verlagsgruppe Styria gibt es
in jeder Buchhandlung und im Online-Shop

styriabooks.at

Lektorat: Elisabeth Blasch
Buch- und Covergestaltung: Maria Schuster
Coverfotos: Africa Studio, gonzalocalle; Rückseite: Kzenon, massimhokuto, DoraZett/alle fotolia.com

Druck und Bindung: Neografia, Martin
7 6 5 4 3 2 1
Printed in EU